Nicosia Nieß
Hanne Dirlich-Wilhelm

Leben mit autistischen Kindern

W0173643

HERDER / SPEKTRUM

Band 4387

Das Buch

Fachliche Kompetenz auf dem neuesten Wissensstand und persönliche Betroffenheit kommen in diesem Buch zusammen: Endlich eine praktische und verständliche Hilfe, um eines der rätselhaftesten Phänomene zu beleuchten und jene Menschen besser zu verstehen, die unter Autismus leiden. Autismus ist eine schwere Entwicklungsstörung. Kleinkinder schon lehnen jede Zuwendung ab, wollen sich nicht berühren lassen, bleiben lieber allein, statt zu spielen, können stundenlang schreien. Oft haben sie ganz besondere Fähigkeiten. Sie sind einfach „anders" als andere Kinder. Autismus früh zu erkennen ist eine wichtige Voraussetzung für eine früh einsetzende Förderung, die sich an den Bedürfnissen des Kindes und der Angehörigen orientiert. Die Autorinnen haben über lange Jahre viele Gespräche mit betroffenen Familien geführt. Sie kennen nicht nur die Probleme, sondern auch das, was die Fachleute zum Thema wissen. Auf diesem Erfahrungshintergrund erzählen sie die Lebensgeschichten von Paul, Sabine, Gerhard und Martin. Diese Geschichten reichen von der frühen Kindheit bis zur Phase des beginnenden Erwachsenenlebens. Es sind Geschichten, die berühren, weil sie vom üblichen Weg abweichen. Aber es sind auch Schicksale, die nicht nur Schwierigkeiten demonstrieren. Sie stellen auch auf eindrucksvolle Weise dar, wie anpassungsfähig auch die Familie und die Umgebung auf Autismus reagieren können und wie sie mit schwierigen Problemen durchaus auch zurechtkommen können.

Die Autorinnen

Nicosia Nieß, Dr. rer. nat., geb. 1946 in Landshut, Studium der Chemie, Mutter einer autistischen Tochter. Seit 1985 Vorsitzende des Vorstands im Elternverband „Hilfe für das autistische Kind", R.V. München. Lebt in Eching bei Freising.
Hanne Dirlich-Wilhelm, Dr. phil., Dipl.-Psych., Psychotherapeutin (BDP), hat sich praktisch-therapeutisch und wissenschaftlich mit dem Phänomen des Autismus beschäftigt. Lebt in München.

Nicosia Nieß
Hanne Dirlich-Wilhelm

Leben mit autistischen Kindern

Erfahrungen und Hilfen

Herder

Freiburg · Basel · Wien

Originalveröffentlichung

Alle Rechte vorbehalten – Printed in Germany
© Verlag Herder Freiburg im Breisgau 1995
Satz: Fotosetzerei G. Scheydecker, Freiburg im Breisgau
Druck und Einband: Freiburger Graphische Betriebe 1995
Umschlaggestaltung: Joseph Pölzelbauer
Umschlagfoto: © SSI/Bavaria
ISBN: 3-451-04387-4

Inhalt

Ein Fremdwort – ein Etikett:
„Unser Kind ist autistisch"

„Die Ärzte haben gesagt, daß unser Kind autistisch ist. Aber ich kann das nicht glauben. Unser Kind ist doch ganz anders als autistische Kinder."

Wenn mich – oft am Abend, wenn meine eigene Tochter endlich im Bett liegt – ein solcher Anruf erreicht, dann weiß ich, daß ich mir jetzt Zeit nehmen muß. Diese Eltern haben eine lange bange Zeit des Wartens auf eine Diagnose hinter sich. Ihr Kind wurde getestet, es sollte spielen, sollte seine Fähigkeit zum Sprechen zeigen – und zeigte oft nur seine Unfähigkeit. Es wurde neurologisch untersucht, der Kampf um das EEG wurde mit einem brüllenden, umsichschlagenden Kind ausgefochten. Die Eltern wurden ausgefragt und im Spiel mit dem Kind beobachtet. Und am Ende dieser Wochen oder Monate dauernden Zeit steht dieses Fremdwort – „frühkindlicher Autismus". Oder lateinisch distanziert: „autismus infantum". Manchmal sind die Anrufer zusätzlich verunsichert: „Mein Kind hat nur autistische Züge – darf ich trotzdem mit Ihnen sprechen?"

Ja, die Eltern dürfen mit mir sprechen. Sie haben das Recht zu fragen und zu erzählen. Und sie dürfen auch die Frage stellen: „Wer sind Sie? Warum haben die Ärzte mir Ihre Telephonnummer gegeben?"

Die Antwort ist einfach: ich bin selbst Mutter eines autistischen Kindes. Ich habe 18 Jahre lang eigene Erfahrungen mit dieser Behinderung gesammelt. Und ich habe mit vielen anderen Eltern autistischer Kinder Zeit verbracht. Es waren Zeiten mit Fragen und Antworten, mit Lachen und mit gemeinsamen Tränen. Als meine Tochter klein war, hat mir selber der Kontakt zu den „erfahrenen" Eltern der jugendlichen Autisten unendlich viel geholfen. Gemeinsam mit anderen Eltern versuche ich heute nur, diese Hilfe weiterzugeben.

Was ist nun „autistisch"? Simon stürmt durchs Zimmer, er juchzt, als er den Schaukelstuhl entdeckt. Aber er flüchtet sofort zum Vater, als ich fremde Person ihn anrede. Er ist doch nicht das unnahbare autistische Kind, das „in der Glasglocke" sitzt. Wieso ist er überhaupt behindert? Er kann doch laufen, er ist nicht blind. Er kann hören, das wurde genau überprüft; wenn er dann oft nicht reagiert, ist das nicht Trotz?

Es ist für gesunde Menschen oft schwer, sich in einen Behinderten hineinzuversetzen. Manches kann man mit gutem Willen nachvollziehen. Wer keine Beine hat, kann nicht laufen, niemand beschimpft ihn, weil er nicht die Treppe hochsteigt. Ein blindes Kind kann nicht sehen – klar, daß man ihm die Welt durch Hören und Tasten erschließen muß. Ein taubes Kind kann man mit Blicken und Gesten erreichen. Aber ein wahrnehmungsgestörtes Kind – was soll das bedeuten? Ein Kind, das nicht verstehen kann, was seine Augen ihm zeigen, ein Kind, das Puzzles mühelos zusammensetzt, aber im Bilderbuch nicht auf den Ball zeigt? Ein Kind, das sich an allen Ecken stößt, ohne zusammenzuzucken, aber erschreckt zurückweicht, wenn man es streicheln will? Ein Kind, das nicht reagiert, wenn ein Stapel Teller zu Boden fällt, aber hysterisch zu schreien beginnt, wenn der Vater mit den Fingern über die Tischdecke streicht?

Wahrnehmungsstörungen hatten die Ärzte das genannt: abnorme Reaktion auf sensorische Reize. Es gibt „intramodale" Wahrnehmungsstörungen und „intermodale". Ist das dasselbe, hängt das zusammen? Und was kann man dagegen tun? Fragen, die über die Eltern hereinbrechen, wenn der Besuch beim Arzt längst vorbei ist. Da sind selbst in einem guten, sorgfältigen Diagnosegespräch zu viele Fremdwörter gefallen, als daß Eltern, geschockt schon vom Wort „Behinderung" sie noch sortieren oder gar verstehen könnten.

Was sind „Rituale" und „Stereotypien" bei einem fünfjährigen Kind? Sandras Eltern waren stolz darauf, daß ihr Töchterchen so konzentriert spielt, immer wieder einen hohen Turm aus Legos baut, genau in jeder 4. Reihe zwei rote Steine setzt. Und plötzlich soll gerade dies Merkmal einer Störung sein. Thomas legt sein Besteck immer sorgfältig neben den Teller, er vergißt nie, die Zähne zu putzen, er rückt jeden Abend seinen Stuhl genau vor den Tisch – aus Freude an einem ordentlichen Kind wird dann plötzlich der Schrecken, gerade darin das Symptom einer schwerwiegenden Behinderung zu erkennen.

Meine Tochter kann gut sprechen, das ist immer ein Trost für unsere Besucher. Aber alle autistischen Kinder haben „eine Störung der Kommunikation, meist am deutlichsten in der Störung der Sprachentwicklung". Wie paßt das zusammen? Wird Thomas auch einmal sprechen können? Und (das ist später viel wichtiger) – wird er mit anderen Menschen sprechen können und nicht nur lange Monologe über ein Spezialthema halten? Oder wird er mit „Echolalie" sprechen, also nur gehörte Sätze wiederholen, gleich oder auch Tage später, exakt wie ein Tonband und auch mit so wenig Verständnis für den Inhalt wie ein Tonband? Gibt es Möglichkeiten, die Sprache zu ersetzen? Taube Kinder können Gebärden erlernen, können sich mit Mimik und Gestik verständigen – das können doch alle Kinder, sie brauchen ja die ersten Jahre keine gemeinsame Sprache und können doch miteinander spielen. Aber – nicht alle Kinder können das, autistische Kinder können dies nicht. Darum reagiert Peter nicht, als ich ihm freundlich zuwinke und ein Auto reiche. Die Eltern sind verunsichert – mag er mich nicht, ist er bockig oder versteht er mich wirklich nicht? So viele kleine Alltagserlebnisse erscheinen plötzlich im anderen Licht.

Das schwierigste und belastendste Symptom habe ich dabei noch gar nicht erwähnt. Es ist die „schwere Störung im Sozialverhalten". Bei manchen Kindern ist dieses Etikett eher verständlich. Sie schreien stundenlang bei der geringsten Störung, sie beißen und kratzen, wenn man sie an irgend etwas hindern will, was sie sich gerade in den Kopf gesetzt haben. Und der Auslöser kann ein Fussel sein, der auf dem Boden liegt, er kann eine Glasmurmel von 120 sein, die fehlt; so ein Wutausbruch kann seinen Anlaß darin haben, daß die Wanduhr stehen geblieben ist oder daß die Lehrerin gewagt hat, ein rotes Häkchen an eine Hausaufgabe im Heft zu machen. Nicht immer sind es allerdings so unmißverständlich „unsoziale" Reaktionen. Susi kuschelt sich so gern an weiche Stoffe, sie tut das ganz unbefangen und fröhlich auch bei fremden Menschen in der S-Bahn. Als sie 3 Jahre alt war, haben fast alle Leute freundlich reagiert – aber jetzt ist Susi 14 Jahre – was für eine aufdringliche Person – da reagieren alle entrüstet. Peter kann sich nicht wehren – er gibt bereitwillig alles her, was andere Kinder von ihm fordern. Den 6jährigen können Eltern

oder Lehrer noch schützen, aber was wird sein, wenn er
16 ist? Die meisten autistischen Kinder sehen normal
und gesund aus. Sie werden gerade deshalb so oft mißverstanden. Sie suchen durchaus Kontakte – aber sie gehen dicht an Besucher heran, schnuppern an ihnen,
lecken ihnen vielleicht noch neugierig über die Wange.
Wer die Störung nicht kennt, wird dann schnell aggressiv, stößt dieses „unmögliche" Kind von sich. So geraten
die Kinder und mit ihnen die ganze Familie leicht in einen Teufelskreis aus fehlgeschlagenen Kontaktversu-
chen, aus Frustration und Mutlosigkeit. Es gibt keine
Patentrezepte, da wieder herauszufinden. Es gibt nur
kleine geduldige Schritte. Den Weg in ein normaleres
Leben mit einem autistischen Kind kann man oft nur
mit einem Babysitter gehen. Er bleibt beim Kind,
schützt es vor den beängstigenden fremden Gerüchen,
vor fremder Umgebung, und die Eltern können wieder
Kontakte nach außen aufnehmen. Einmal wieder ins
Kino gehen, zu Freunden, einen Volkshochschulkurs besuchen, das scheint vielen Eltern, denen ich begegne,
zunächst ein unerfüllbarer Wunschtraum zu sein. Ich er-
mutige sie dazu. Denn wer selbst erschöpft und einsam
ist, kann auch dem Kind nicht helfen: nicht dem autistischen Kind und auch nicht dessen Geschwistern.
Denn die sind genauso betroffen. Es ist nicht einfach, einen kleinen Bruder zu haben, auf den man ständig
Rücksicht nehmen muß, weil er sonst tobt und schreit.
Es ist nicht einfach, eine große Schwester zu haben, die
noch angezogen wird, wenn man selbst es schon allein
machen soll. Gesunde Kinder ahmen ihre großen Geschwister nach, das ist eigentlich ganz prima. Aber
wenn der autistische Oliver ständig hochhüpft und mit
den Armen wedelt, dann finden die Eltern es gar nicht

prima, wenn der kleinere Bruder genau das nachahmt. Wie soll sich da ein Kind noch auskennen! So brauchen die Eltern Verständnis, Verständnis und noch einmal Verständnis. Es ist für die meisten ein ungeheuer befreiendes Erlebnis, einem Menschen gegenüber zu sitzen, der einfach nickt und der sagt „ja, das kenne ich", wenn sie die „unmöglichsten" Kapriolen ihres Kindes erzählen. Und den Geschwistern geht es genauso. Sie staunen, wenn sie bei einem Ausflug auf Kinder treffen, die „Kumpels" sind. Auch sie haben ja in der Regel keinen Klassenkameraden, der sich unter „autistisch" etwas vorstellen könnte. Sie müssen lernen, in der Familie nach ganz anderen Wertvorstellungen zu leben als im Kindergarten oder in der Schule. Auch sie sind angewiesen auf Geduld, auf Verständnis und auf Antworten auf ihre Fragen: „Was ist mit meinem Bruder los?" Ja, tatsächlich, meist ist das autistische Kind ein Bruder, drei Viertel der Autisten sind Buben. Wir wissen nicht, warum das so ist. Wir wissen ja auch nicht, was die Ursache dieser Krankheit ist.

Die abstrakte Diskussion über mögliche Infektionen als Auslöser, über genetische Faktoren, die Vermutung, daß es Untergruppen des frühkindlichen Autismus gibt, die sich voneinander unterscheiden, das alles überfordert meist schon die Eltern in ihrem Verständnis. Umso mehr sind die Geschwister verunsichert. Wie würden *Sie* einem 8jährigen Schulkameraden eine solche Behinderung erklären?

„Kinder sind anders" – dieses Motto von Maria Montessori hatte mich schon beeindruckt, als ich selbst noch kein Kind hatte. Als dann mein erstes Kind autistisch war, brauchten wir vier lange Jahre, bis wir erfuhren, daß unser Kind wirklich „anders" war. Anders als alle anderen Kinder, mit denen unser Töchterchen verglichen, an deren Entwicklung es gemessen wurde. Das ist nach meiner Erfahrung einer der schwierigsten Aspekte bei dieser Behinderung. Drei Jahre müssen mindestens vergehen, bis eine sichere Diagnose erfolgen kann. Drei Jahre! Bedenken Sie, wie lang sich schon die Stunden hinziehen können, bis Sie wissen, ob Ihr Kind eine Blinddarmentzündung hat oder nur harmloses Bauchweh. Bedenken Sie, wie lang sich die Tage hingezogen haben, bis Sie wußten, ob Ihre Mutter eine harmlose Zyste in der Brust hatte, oder ob es sich um einen bösartigen Knoten handelte. Wenn es gut geht, liegen zwischen den ersten Besorgnissen der Eltern, den ersten Ahnungen „mein Kind ist anders", bis zu den ersten Fragen an Ärzte „nur" drei Jahre. Häufig dauert es viel länger. Die Diagnose selbst erfordert eine lange Beobachtungszeit, die Dunkelziffer ist noch immer größer als die Zahl der richtig entdeckten Kinder. Diese lange Zeit der Ungewißheit und des zermürbenden Wartens erschwert die Verarbeitung der Diagnose so sehr. Es haben sich so viele Mißverständnisse zwischen Eltern und Kind angehäuft, so viele Fehldeutungen, so viel Hilflosigkeit und Unsicherheiten. So viele Patentrezepte von Verwandten und Nachbarn sind ausprobiert worden und hatten keinen Erfolg. Da ist es ganz wichtig, daß ich den Eltern sagen kann, daß diese Mißerfolge nicht von ihrer Unfähigkeit herrühren, sondern von der Unfähigkeit des Kindes, auf ihre Bemühungen zu reagieren. Allzuvieles erzählen die Eltern ja gar nicht mehr, sie sind verstummt über dem ungläubigen Staunen, was sie da von ihrem Kind erzählen. Hier sind auch Gruppengespräche hilfreich. In einer Gemeinschaft von Gleichbetroffenen kann man leichter von „Erziehungsfehlern" sprechen, und meist stellt es sich dabei heraus, daß diese Erziehung recht gut funktioniert hätte – wenn nur das Kind nicht autistisch wäre.

So finden sich die Eltern allmählich in einer verwirrenden Situation zurecht. Alle kleinen Dinge im Alltag werden neugeordnet, für viele Probleme lassen sich neue Lösungen finden, wenn man um die Hintergründe weiß. Ein Problem aber liegt allen Eltern auf der Seele: Wie wird es weitergehen? Denn schlimmer noch als mit einer belastenden Gegenwart fertig zu werden, ist es, keine Zukunft zu haben. Ich bin inzwischen erfahrener und habe Vorstellungen von der Zukunft. Ich bin inzwischen mit den verwirrenden Kürzeln vertraut, die dafür wichtig sind: die SVE, die Ärzte erwähnt haben, oder die HPT. Ich weiß, welchen Hintergrund die Therapie-Empfehlungen haben, wo sie verwirklicht werden können, was sie vielleicht bewirken werden. Damit auch Sie sich ein solches Bild machen können vom Alltag und auch von den Sonntagen mit einem autistischen Kind, habe ich die Geschichten von vier dieser Kinder aufgeschrieben.

Diagnose: Autismus

Zur Einteilung psychischer Störungen wurden sowohl von der Weltgesundheitsorganisation (WHO: World Health Organization) als auch von der Amerikanischen Psychiatrischen Gesellschaft (APA: American Psychiatric Association) Klassifikations- und Diagnosekriterien erarbeitet, die von Fachleuten – z. B. Psychiatern und Klinischen Psychologen – international verbindlich angewendet werden. Beide Klassifikationssysteme stimmen weitgehend überein. Sie sind aber in verschiedenen Bereichen unterschiedlich ausführlich und anschaulich, so daß sie sich in der Praxis gegenseitig gut ergänzen.

Die Weltgesundheitsorganisation hat 1991 die 10. Revision der „Internationalen Klassifikation psychischer Störungen" (ICD-10: International Code of Diseases) herausgegeben. Das 1987 in dritter Auflage herausgegebene sogenannte DSM-III-R (Diagnostic and Statistical Manual of Mental Disorders, Third Edition-Revised) wurde inzwischen neu bearbeitet und liegt als DSM-IV vor. Wissenschaftler und Praktiker sind also stets dabei, neue Erkenntnisse über psychische Störungen in die bestehenden Klassifikationssysteme aufzunehmen, um durch klare Abgrenzungen zwischen den Störungen geeignete Behandlungen zu ermöglichen.

Das Thema, das uns hier interessiert – Autismus – erscheint in den Klassifikationssystemen als Erscheinungsbild einer „tiefgreifenden" (ICD-10) bzw. „massiven" (DSM-III-R) Entwicklungsstörung.

15

Der „frühkindliche Autismus" ist laut ICD-10 „eine Form der tiefgreifenden Entwicklungsstörung, die durch eine abnorme oder beeinträchtigte Entwicklung definiert ist und sich vor dem dritten Lebensjahr manifestiert; außerdem ist sie durch gestörte Funktionsfähigkeit in den drei folgenden Bereichen charakterisiert: in der sozialen Interaktion, der Kommunikation und im eingeschränkten repetitiven Verhalten". Gleichbedeutend mit „frühkindlichem Autismus" werden im ICD-10 Begriffe verwendet wie „autistische Störung", „infantiler Autismus", „Kanner-Syndrom" und „frühkindliche Psychose". Leo Kanner, ein amerikanischer Psychiater, hat 1943 als erster das Syndrom des „frühkindlichen Autismus" als eine Untergruppe innerhalb der Kindheitsschizophrenie beschrieben und Kriterien für diese Diagnose angeboten, die sich in den heutigen Klassifikationssystemen niederschlagen (Kanner, 1943). Unabhängig von Kanner beschrieb Asperger ein ähnliches Erscheinungsbild, das er „autistische Psychopathie" nannte (Asperger, 1944).

Um die Diagnose „frühkindlicher Autismus" zu stellen, müssen also bestimmte Kriterien erfüllt sein. Im DSM-III-R sind diese sehr übersichtlich und anschaulich dargestellt. Es werden dabei drei Funktionsbereiche (A, B und C) beurteilt und das Alter bei Beginn der Störung festgestellt (D). Treffen mindestens acht der folgenden 16 Punkte zu (mindestens zwei aus A, mindestens einer aus B und mindestens einer aus C), wird die Diagnose „autistische Störung" gestellt.

Die folgende Aufstellung der Diagnosekriterien ist dem DSM-III-R entnommen. Auf die Wiedergabe aller dort angeführten praktischen Beispiele wurde verzichtet:

A. Eine qualitative Beeinträchtigung sozialer
Interaktionen,
die sich in fünf Formen zeigen kann:

1. *Ein deutlicher Mangel, andere Menschen und ihre Gefühle zu beachten. Die Kinder behandeln jemanden wie ein Objekt oder nehmen die Bedürfnisse anderer anscheinend nicht wahr.*
2. *Trost wird z. B. bei Krankheit, Schmerzen oder Müdigkeit nicht oder auf ungewöhnliche oder immer die gleiche (stereotype) Weise gesucht.*
3. *Keine oder mangelhafte Imitation: Alltägliche Handlungen in der Familie werden z. B. nicht imitiert; oder es werden Handlungen anderer imitiert (z. B. aus dem Fernsehen), ohne daß es in den bestehenden sozialen Kontext paßt.*
4. *Kein oder ungewöhnliches soziales Spielen: z. B. keine aktive Beteiligung an einfachen Spielen: Die Kinder bleiben lieber allein oder spielen für sich. Andere werden eher mechanisch zum Spiel herangezogen.*
5. *Starke Beeinträchtigung im Schließen von Freundschaften mit Gleichaltrigen: z. B. mangelndes Interesse daran oder bei vorhandenem Interesse mangelndes Verständnis für soziale Regeln und Konventionen.*

B. Qualitative Beeinträchtigung in der verbalen
und nicht-verbalen Kommunikation
und in Vorstellungen:

1. *Keine Form der Kommunikation wie kommunikatives Plappern, Gesichtsausdruck, Gesten, Mimik oder gesprochene Sprache.*
2. *Deutlich ungewöhnliche nicht-verbale Kommunika-*

tion: Kinder vermeiden z. B. Blickkontakt, zeigen ungewöhnlichen Gesichtsausdruck, ungewöhnliche Körperhaltung oder auffällige Gesten, um eine soziale Interaktion zu beginnen oder zu gestalten. Typische Beispiele: wenn ein Kind nicht aufgenommen und gehalten werden will oder sich dabei steif macht; wenn bei Annäherung kein Augenkontakt oder Lächeln erfolgt; wenn nicht gegrüßt wird; wenn in sozialen Situationen ein starrer Blick besteht.

3. Fehlen von Vorstellungen, wie sie sich beim Spielen von Rollen Erwachsener ausdrücken oder im Umgehen mit Phantasiegestalten oder Tieren. Mangelndes Interesse an Phantasiegeschichten.

4. Deutliche Abweichungen beim Sprechen durch die Lautstärke, Tonhöhe, Betonung, Intonation und den Rhythmus.

5. Deutliche Abweichungen in Form und Inhalt der Sprache. Stereotyper und sich wiederholender Gebrauch der Sprache, z. B. unmittelbare Echolalie, d. h. die Wiederholung von unmittelbar vorher Gehörtem; Gebrauch von „du", wenn „ich" gemeint ist; sehr individueller Gebrauch von Wörtern und Sätzen; häufige, unwichtige Bemerkungen.

6. Deutliche Beeinträchtigung in der Fähigkeit, eine Unterhaltung zu beginnen oder aufrechtzuerhalten trotz angemessener Sprache; dies ist z. B. der Fall, wenn Kinder lange Monologe zu einem Thema führen, ohne die Einwürfe anderer zu berücksichtigen.

C. Deutlich eingeschränktes Repertoire von
Aktivitäten und Interessen:

1. *Stereotype Körperbewegungen, z. B. Handwedeln oder -drehen, Kopfschlagen, Ganzkörperbewegungen.*
2. *Anhaltende Beschäftigung mit Teilen von Gegenständen, z. B. Riechen oder Schmecken von Gegenständen, wiederholtes Fühlen von Materialstrukturen, intensives Drehen der Räder von Spielzeugautos. Emotionale Bindung an ungewöhnliche Gegenstände wie z. B. ein Stück Schnur.*
3. *Deutliche Aufregung bei Veränderungen von Kleinigkeiten in der Umgebung, z. B. wenn eine Vase nicht am gewohnten Platz steht.*
4. *Nicht nachvollziehbares Bestehen auf genauestem Einhalten von Gewohnheiten, z. B. beim Einkaufen.*
5. *Deutlich eingeschränkte Interessen und Beschäftigung mit einer einzigen Sache: Gegenstände werden z. B. in eine Reihe geordnet, oder die Kinder wissen viele Fakten eines Spezialgebietes.*

D. Beginn der Störung vor dem 36. Lebensmonat.

Anhand dieser Kriterien kann der frühkindliche Autismus differentialdiagnostisch von anderen Störungen unterschieden werden wie der geistigen Behinderung, der Schizophrenie, von Sprachentwicklungsstörungen, vom Verhalten Tauber und Blinder, von Tics und stereotypen Gewohnheiten und von Persönlichkeitsstörungen.

Die Langzeitprognose hängt ab von der intellektuellen und der sozialen Entwicklung und der Sprachentwicklung (DSM-III-R).

„Bei einem Autismus kann jedes Intelligenzniveau

vorkommen, jedoch besteht in etwa drei Viertel der Fälle eine deutliche Intelligenzminderung" (ICD-10).

In vielen Fällen wird eine „Intelligenzminderung mit autistischen Zügen" diagnostiziert. Diese diagnostische Einheit finden wir im ICD-10 als „atypischen Autismus". Darunter wird eine tiefgreifende Entwicklungsstörung verstanden, „die sich vom frühkindlichen Autismus entweder durch das Alter bei Krankheitsbeginn oder dadurch unterscheidet, daß die diagnostischen Kriterien nicht in allen drei Bereichen erfüllt werden. So wird entweder die abnorme oder beeinträchtigte Entwicklung erstmals nach dem dritten Lebensjahr manifest, oder es bestehen deutlich nachweisbare Auffälligkeiten nur in einem oder zwei der für die Diagnose eines Autismus geforderten psychopathologischen Bereiche (nämlich gegenseitige soziale Interaktion und Kommunikation sowie eingeschränktes, stereotypes, zur Wiederholung neigendes Verhalten)."

Ausführliche Befragungen der Bezugspersonen, längere Beobachtungen, Einschätzungen und Beurteilungen der Fähigkeiten und Defizite der vorgestellten Kinder dienen der Diagnosefindung. Die beschriebenen Diagnosekriterien sind sehr klar und spezifisch, so daß zwar andere Störungsbilder ausgeschieden werden können. Sie sind jedoch auch so allgemein, daß im Einzelfall die Eindeutigkeit der Zuordnung oft schwierig ist und den Eltern genug Unsicherheit und Hoffnung bleibt, die Diagnose anzuzweifeln oder immer wieder prüfen zu lassen. Jedes einzelne autistische Kind zeigt derart individuelle Ausprägungen der Diagnosekriterien in Form und Intensität, daß diese einschneidende Diagnose häufig auch vermieden wird. Hinzu kommt, daß in der Vergangenheit viele Fachleute mit diesem

Störungsbild nicht gut vertraut waren, da es sich zwar um ein schwerwiegendes, aber seltenes Erscheinungsbild handelt. Man schätzt etwa 4 – 5 Autisten unter 10000 Geburten, wobei Jungen viermal so häufig wie Mädchen betroffen sind.

Auch heute noch bringen die Eltern vieler autistischer Kinder deshalb eine jahrelange Odyssee von Arztbesuchen hinter sich, bevor eine zutreffende Diagnose gestellt wird und spezifische Fördermaßnahmen einsetzen können. Die Verhaltensauffälligkeiten dieser Kinder, die „normal" aussehen, legen zunächst die Vermutung nahe, Sehen und Hören, d. h. die periphere Wahrnehmung, könnte nicht in Ordnung sein. Nach Abklärung der Seh- und Hörfähigkeit bleibt für die Eltern die Frage, was ihren Kindern fehlt, denn sie passen offensichtlich nicht in die bekannten Gruppen von Behinderungen, für die es spezielle Förderungen und Schulen gibt. Hinzu kommen die Reaktionen der Umwelt, von Nachbarn und von Freunden, in Geschäften, Restaurants und öffentlichen Verkehrsmitteln, die zeigen, wie groß das Unverständnis ist, daß ein oft gut aussehendes Kind sich so aufführen kann. Viele Eltern haben den Vorwurf erfahren, ihre autistischen Kinder seien schlecht erzogen.

Die Eltern und die Familien werden häufig mit ihren Problemen allein gelassen und finden keine Ansprechpartner oder Hilfe. Probleme entstehen nicht nur aus alltäglichen Auseinandersetzungen mit den massiven Verhaltensauffälligkeiten der Kinder und deren Unfähigkeit, mit der Umwelt in Kontakt zu treten. Unterstützung der Familien ist auch notwendig bei der psychischen Verarbeitung der Situation mit einem autistischen Kind. Ein Kind, das keine äußeren Zeichen einer

Behinderung trägt, dessen Intelligenz oft nur verborgen erscheint, das sich von der Umwelt zurückzieht und oft ungewöhnlich reagiert, läßt Zweifel aufkommen über das Ausmaß seiner Behinderung, die doch den Alltag der gesamten Familie prägt. Die Hoffnung, daß die Behinderung doch nicht so einschneidend sein könnte, wenn nur die richtigen Fachleute, die angemessene Diagnose und eine wirksame Behandlung gefunden würden, ist zur verbindenden Motivation für die betroffenen Familien geworden.

Den seit über 20 Jahren bestehenden Elternverbänden und ihren Aktivitäten ist es zum großen Teil zu verdanken, daß das Syndrom des frühkindlichen Autismus in Fachkreisen und in der Öffentlichkeit bekannt und ein Handlungsbedarf erkannt wurde. Es wurden diagnostische Instrumente wie Fragebögen, Merkmalslisten und Tests entwickelt, man hat Literatur zum Thema Autismus gesammelt und übersetzt, therapeutische Ansätze auf ihre Nützlichkeit geprüft und nicht zuletzt ein Unterstützungsnetz für die betroffenen Familien aufgezogen. Hier hat es große Fortschritte gegeben, es bleiben aber wesentliche Fragen offen: Fragen nach der Entstehung der Störung, nach der angemessenen Behandlung und Beschulung von Autisten, der Eingliederung in einen Arbeitsprozeß, der Möglichkeit eines unabhängigen Erwachsenenlebens und die Frage nach einer ausreichenden Unterstützung der Familien bei äußeren und inneren Problemen.

Asperger, H. Die „Autistischen Psychopathen" im Kindesalter. Archiv für Psychiatrie und Nervenkrankheiten, 1944, 117, 76–136.

Diagnostic and Statistical Manual of Mental Disorders. Third edition-revised, (1987). American Psychiatric Association, Washington, D. C.

Dilling, H., Mombour, W. und Schmidt, M. H. (1991). Internationale Klassifikation psychischer Störungen. ICD-10 Kapitel V (F). Klinisch-diagnostische Leitlinien. Verlag Hans Huber, Bern. Göttingen, Toronto.

Kanner, L. (1943). Autistic disturbances of affective contact. Nervous Child, 2, 217–250.

1

Kleine Kinder – kleine Sorgen?

... Man hat immer das Gefühl, daß nur irgendein kleines Ding an der richtigen Stelle einrasten müßte, und alles wäre normal. Diese Mischung aus normalem und bizarrem Verhalten bei einem scheinbar gesunden Kind ist etwas völlig Unverständliches (Wing).

Paul – Unser kleiner Buddha

Wenn wir uns Pauls Kinderbilder ansehen, dann sehen wir ihn immer wieder in der gleichen Pose. Ernst, versunken in Gedanken sitzt er da, beschaut vielleicht seine Patschhändchen, vielleicht einen Holzbaustein. Welch ein Glück für seine Eltern, daß er so ein friedliches Baby war. Wohnten sie doch beengt im kleinen Appartement, die Miete für eine große „kindgerechte" Wohnung hätten sie sich wirklich nicht leisten können. Gerade 18 und 20 Jahre alt waren sie, selbst noch in der Ausbildung, nicht eben freudig überrascht, als Paul sich anmeldete.

Aber mit jugendlicher Unbekümmertheit gingen sie doch daran, nun eben zu dritt ihren Alltag zu gestalten. Die Oma half aus, so daß die Mama ihre Ausbildung beenden konnte. Und als Paul zwei Jahre alt war, war auch der Papa mit der Gesellenprüfung fertig. Da reichte das Geld endlich für eine größere Wohnung, ein eigenes Kinderzimmer für Paul konnte eingerichtet werden. Die Mama fand eine Halbtagsstelle, vormittags war Paul wie immer bei der Oma. Also alles in Ordnung. Wirklich alles? Beim ersten Kind freut man sich über jedes Krähen, Paul blubberte vergnügt vor sich hin, wenn er mit seinen Holzbausteinen aufeinander klopfte. Er quietschte begeistert beim abendlichen Baden – daß er auf jede Abweichung von der gewohnten Routine so zornig reagierte, konnte man dem putzigen Kerlchen wirklich nicht übelnehmen. Nur, leise, nagende Zweifel kamen auf, als Nina öfter mit ihrer Mama zu Besuch kam. Nina war ein Jahr jünger, die Tochter der Schwägerin, was die schon vor sich hinbrabbelte mit ihren gut zwei Jahren: „Mama, Keks haben, Mama, Ball pielen, Paul Auto neiiin!" das war zwar nicht gerade geschliffenes Hochdeutsch, aber da wußte doch jeder, woran er war. Aber man ließ sich gern beruhigen: „Jeder weiß doch, daß Mädchen eher sprechen als Buben", „seid doch nicht so ehrgeizig". „Diese jungen Leute haben einfach keine Geduld für ein kleines Kind" – vorwurfsvoll und doch gleichzeitig beruhigend mischten sich Oma und Freunde ein. Nina kam oft zu Besuch, quirlig plappernd, ein anstrengendes Kind. Sie baute die ersten Türme, belud begeistert Pauls Autos mit Sand, fuhr mit ihnen auf dem Spielplatz herum. So ruhig Paul sonst war, damit konnte sie ihn in Rage bringen! Brüllend stürzte er sich auf Nina, riß ihr seine Autos aus den Händen und schubste sie grob beiseite. Immer noch laut schreiend stellte er dann seine Autos wieder genau auf einer Reihe auf, das größte als erstes, das kleinste als letztes! An dieser Ordnung durfte keiner rütteln, sonst ging es ihm schlecht.

„Er kann halt noch nicht teilen", „wartet nur, im Kindergarten lernt er das schon!" wie oft hörten Pauls Eltern diese beruhigenden Sätze. Auch sie machten sich Hoffnung auf den Kindergarten und seinen Einfluß auf das „verwöhnte Einzelkind". Die Leiterin des Kindergartens war bei der Anmeldung allerdings nicht gerade freundlich: „Was er ist schon vier und er ist noch nicht sauber? Er spricht ja gar nicht altersgemäß. Er ist offensichtlich nicht reif für den Kindergarten" – ein vernichtendes Urteil. Was sollten Pauls Eltern jetzt tun? Sie gingen zum Kinderarzt, er kannte Paul schon lange, hatte die Eltern wegen des „Spätentwicklers" beruhigt. Nun wollte auch er eine gründliche Abklärung, überwies die junge Familie an die Kinderklinik. Ganz schnell sollte das geschehen. Ganz schnell – das hieß: „nur vier Monate Wartezeit". Dann wurde Paul getestet – „er kann ja gar nicht altersgemäß spielen"! Die Mutter wurde befragt, nach allen Einzelheiten. „Wie war die Schwangerschaft? Sie sind ja noch so jung! Sie arbeiten ja sogar halbtags – kümmern Sie sich überhaupt um das Kind? Wissen sie – mit kleinen Kindern muß man sich auch mal beschäftigen!" Vor jedem neuen Klinikbesuch hatte sie bald einen Klumpen im Bauch, nach jedem Klinikbesuch wurde erst mal eine Nacht durchgeweint. War denn wirklich sie daran schuld, daß Paul noch nicht sprach? Sie hatte sich doch mit ihm beschäftigt, auch die Oma hatte ihn liebevoll behütet. War nun wirklich plötzlich „alles eine Sache der Erziehung"? Beängstigende Testwerte brachen über die Eltern herein. „Der IQ liegt höchstens bei 65, aber das Kind ist ja gar nicht richtig testbar!" „Der konzentriert sich ja gar nicht auf die Aufgaben!" Freilich, das kannten die Eltern genau: Paul setzte sich gerne in ein ruhiges Eckchen, er ließ sich nur selten dazu bewegen, ein Puzzle zusammenzusetzen. Drei, vier, gar fünf Bauklötze sollte er zu einem Turm aufbauen. Das machte er auch zu Hause nicht, er klopfte sie lieber aufeinander oder gegen die Tür, gegen das Stuhlbein, gegen den Tisch, horchte offensichtlich vergnügt und fand immer neue Möglichkeiten, Töne zu produzieren. Plötzlich war das eine „Stereotypie", ein Baustein nicht seiner Entwicklung, sondern seiner fehlenden Entwicklung.

Nach ein paar Monaten mit Klinikbesuchen stand dann auch das Urteil fest; ja wirklich wie ein Urteil im Gerichtssaal empfanden das die jungen Eltern, denen da der Ratschluß der Experten verkündet wurde. Paul sei ein massiv mental retardiertes Kind hieß es da, mit erheblichen autistischen Zügen. Mental retardiert – das bedeutet „geistig behindert". „Na ja – es ist halt ein Depperl", erklärte der Kinderarzt die Fachausdrücke. Ein harter Gedanke, den die Eltern nicht verstehen konnten. Paul war doch ein pfiffiges Kerlchen; wenn es um wirklich wichtige Dinge für einen Fünfjährigen ging, dann konnte ihm doch keiner etwas vormachen. Gummibärchen konnte die Mutter oben im Schrank verstecken – Paul fand sie bestimmt. Musikkassetten waren seine Leidenschaft – sprechen konnte er noch immer nur ein paar Silben, aber die Stereoanlage bediente er perfekt, und seine Lieblingskassetten fand er mit traumhafter Sicherheit heraus. Wehe, wenn ihm da einer etwas vormachen wollte, Pauls Wutanfälle waren wirklich erstklassig.

Rumpelstilzchen hätte von Paul noch was lernen können: wie er mit den Beinen stampfte, brüllte, um sich schlug. Zuhause war das gewiß anstrengend, schlimm wurde es aber unterwegs. Jedes Kind ist wütend, wenn ihm die Mutter im Supermarkt das Eis verweigert oder die heißgeliebten Karamelbonbons. Und jede Verkäuferin hatte gute Ratschläge parat, wenn Paul mit hochrotem Kopf „das da" brüllte und dabei um sich trat. Von den mitleidigen Seelen, die dem armen Kerlchen das schenkten, was ihm offensichtlich die harte Mutter nicht gönnte, bis zu den strengen Verweisen „dem muß man eben mal die Hosen strammziehen" war wirklich alles geeignet, Einkäufe mit Paul zum Alptraum für die Mutter zu machen.

Nicht nur die Einkäufe wurden in dieser Zeit „schwierig", wie die Eltern es ausdrückten, sondern einfach alle Unternehmungen außer Haus. Das Treffen mit Freunden im Biergarten – Paul brüllte, wenn der gewohnte Tisch besetzt war und wollte die Leute vertreiben. Die falsche Sorte Eis – Paul brüllte und warf das Eis weit von sich. Einen neuen Pulli anprobieren – die Katastrophe schlechthin. Auf dem Weg zur Post falsch abgebogen – Paul schmiß sich laut kreischend auf den Boden. Mutter hatte einen neuen Mantel – Paul schlug wütend auf sie ein und versuchte ihn wegzureißen.

War das ein Zeichen, daß Paul sich weiterentwickelte, daß er „wacher" wurde? Früher hatte er doch ruhig im Kinderwagen gesessen und seine Brezel gefuttert, war kaum aus der Ruhe zu bringen oder leicht mit zwei Bauklötzen oder seinen Stoffhasen zufriedenzustellen. Oder waren diese schrecklichen Auftritte ein Zeichen, daß er immer schlimmer wurde, wirklich „das Depperl", wie der Kinderarzt es so flapsig ausgedrückt hatte?

Voll Unsicherheit und Angst schauten die Eltern bald auf jeden Schritt ihres Kindes. Paul hatte endlich einen Platz im Kindergarten bekommen. Nein, natürlich keinen Platz im richtigen Kindergarten, eine heilpädagogische Tagesstätte war es, speziell geschulte Erzieherinnen sollten die behinderten Kinder fördern. Fahrdienste gab es damals noch nicht, jeden Morgen fuhr die Mutter mit Paul in der Trambahn quer durch die Stadt, jeden Nachmittag wieder zurück. Naßgeschwitzt kam sie meist wieder nach Hause, denn sie mußte jede Menge an Bemerkungen über ihr unerzogenes Kind anhören. Paul wollte auf „seinem" Platz sitzen und versuchte fremde Leute von „seinem" Platz herunterzuschubsen. Wie konnte man das den Leuten erklären? – Es ging nicht, bald biß die Mutter nur noch die Zähne zusammen und versuchte, Paul schnell wegzuziehen. Die Trambahn hatte eine laute Klingel – Paul haßte sie und hielt sich unter Wutgebrüll die Ohren zu.

Trotzdem, es lohnte sich. Wenn Paul endlich angekommen war, wurde er schnell friedlich, kroch als erstes in die gemütliche Matratzenhöhle in seinem Kindergarten und beguckte sich das Treiben der anderen Kinder. Überschaubar war das glücklicherweise für den kleinen Kerl, sieben Kinder, eine Erzieherin und eine Helferin. Zu der hatte er eine ganz besondere Zuneigung gefaßt. Sie hatte sich bei der Mama nach seinen Lieblingsliedern erkundigt, und wenn sie die in der Nähe seiner Kuschelhöhle sang, lauschte er aufmerksam, wurde ruhiger und setzte sich manchmal sogar auf ihren Schoß.

Endlich war er unter gleichen. Auch die anderen Kinder konnten wenig oder gar nicht sprechen. Auch die anderen Kinder brauchten Hilfen beim Bauen, konnten Stifte nur mit der Faust packen und Kritzelbilder malen, auch sie konnten mit Schere und Kleber noch nicht umgehen und bekamen geduldig die Händchen beim Waschen und Abtrocknen geführt. Auch die anderen waren bei der Brotzeit nicht so geschickt wie ihre gesunden Altersgenossen, auch sie konnten nicht allein aufs Klo; wo alle Windeln trugen, war Paul endlich nicht mehr der ewige Nachzügler.

Und doch: „Paul ist aber ganz anders als die anderen Kinder". Eher nachdenklich sagte Ullas Mutter das – Pauls Mutter brach beinahe in Tränen aus. Es stimmte, Paul war anders als die anderen Kinder. Wo die als erstes fröhlich die Erzieherin umarmten, stürmte Paul an den Menschen vorbei in seine Matratzenhöhle. Die anderen gaben sich im Morgenkreis bereitwillig die Hände, Paul zuckte zurück und saß allein da. Die anderen winkten, wenn die Erzieherin ihnen zuwinkte – Paul rührte sich nicht und schaute auf einen Punkt hinter ihrer Schulter. Richtig sprechen konnten auch die anderen Kinder nicht, aber sie plapperten ihr Kauderwelsch, wie es sonst die Zweijährigen tun und verständigten sich prima damit. Zum Glück arbeitete auch eine Logopädin in der heilpädagogischen Tagesstätte. Sie hatte Erfahrung mit kleinen autistischen Kindern und nahm auch Pauls Mutter ein wenig unter ihre Fittiche. Dienstags und freitags verbrachten sie eine Stunde zu dritt. „Erstmal muß Paul den Mundschluß lernen", erklärte sie ruhig. Ach – das war der Grund, weshalb Paul noch immer so fürchterlich kleckerte, weshalb ihm immer noch der Spuckefaden am Kinn hinunterlief. „Andere Kinder kann ich vor den Spiegel setzen", erklärte die Logopädin. „Bei autistischen Kindern klappt das nicht, die können mit dem Spiegelbild wenig anfangen." Und so nahm sie Pauls Händchen und legte seine Finger auf ihren Mund „Mmm, Mmm, Mmm" und „p, p, p" so machte sie die Laute vor, und dann legte sie Paul die Finger an seinen Mund und er probierte es aus. Man konnte sehen, wie schwer ihm das fiel, wie er immer wieder verwirrt zurückzuckte. Aber im Lauf der Zeit wurde es besser, und für jeden Laut, der richtig herauskam, gab es eine feste Umarmung, Paul wurde tüchtig herumgeschwenkt und krähte vor Vergnügen.

„Am besten wird es sein, sie nehmen an einem Verhaltenstherapiekurs teil, damit kann man den Kindern eine Menge beibringen", meinte die Logopädin.

Sabine träumt

Sie lernten sich im Verhaltenstherapiekurs kennen, Pauls „allzujunge" Mutter und Sabines „alte" Mutter. Bald trafen sie sich auch daheim und lernten gegenseitig ihre so verschiedenen und doch so gleichen Kinder kennen. Sabine war schon acht Jahre alt, ein Elfenkindchen wie aus dem Bilderbuch, zart, blond, mit großen verträumten Augen. „Ui – ist Sabine im Ballettunterricht?" fragte Pauls Mutter beim ersten Besuch. Denn Sabine war fast die ganze Zeit – nein, nicht auf den Beinen, sondern auf den Zehenspitzen. Sie huschte durch den Garten, sie wischte wie ein Irrlicht durch die Räume, sie tanzte um Paul herum und dabei zwitscherte sie. Sang sie ein Kinderlied? Allmählich lernte Pauls Mutter, aus Sabines Singsang die Sprache herauszuhören. Erst war sie richtig neidisch – Paul mußte man jede Silbe einzeln entlocken, Sabine redete ohne Punkt und Komma. Bloß, leicht war das nicht zu verstehen für jemanden, der Sabine nicht sehr gut kannte. Immer drei oder vier Wörter ganz schnell hintereinander, dann eine Pause, ein neuer Anlauf und wieder ein Stückchen wei-

ter im Text. Da mußte man sich schon ganz schön konzentrieren, wenn man Sabinchen verstehen wollte.

Petra konnte das am besten. Sie war ja auch Sabines
große Schwester, schon zehn Jahre alt und liebevoll um
die Kleine besorgt. Das war in dem lebhaften Haushalt
auch gut, denn der fünfzehnjährige Thomas und der
vierjährige Ralf hielten die Mutter ja auch in Trab. Petra
spielte mit Sabine und erlaubte ihr auch, mit ihren Puppen zu hantieren. „Mama, schau, wie ordentlich Sabine
meine Puppen wieder aufgereiht hat", wirklich, sie
saßen genau nach der Größe geordnet in einer Reihe da.
Das kam Pauls Mutter bekannt vor! Genau so ordentlich reihte er ja seine zahlreichen Autos auf, seine Sandförmchen und auch seine Bilderbücher. Auch die zarte
Sabine konnte sich in einen feuerspeienden Drachen
verwandeln, als der kleine Ralf diese Ordnung stören
wollte, um mit einer der Puppen zu spielen. Oft allerdings saß sie ganz in Gedanken versunken da, schaute
mit ihren riesengroßen Augen auf die Lichterflecke, die
durch den Rolladen auf den Fußboden kamen oder
staunte am Apfelbaum das Spiel der Blätter im Wind an.
Ganz weit weg schien sie dann zu sein, und die Geschwister lachten dann oft und sagten: „Schau Mama,
Sabine träumt mal wieder". Manchmal strich sie auch
ganz zart und vorsichtig über die Fensterscheiben, wenn
sie hinaus sah und lächelte geheimnisvoll, als ob es da
etwas gäbe, was wirklich nur sie sehen könnte und kein
Mensch sonst.

Im Sandkasten benahmen sich Sabine und Paul fast
wie ein Zwillingspärchen. Beide nahmen am liebsten
eine Handvoll Sand auf, hielten sie hoch und beguckten
dann mit andächtigem Staunen und schiefgehaltenen
Köpfchen, wie der Sand herunterrieselte. Davon konn-

ten sie nicht genug bekommen, die Sandförmchen nahmen sie vielleicht auch noch fürs Rieselspiel. Zu anderem, zum Burgenbauen, Löchergraben, Sandkuchenbacken waren sie nicht zu bewegen. So setzten sich die Mütter halt zu ihnen und hatten dabei doch ein bißchen Zeit, sich über die Kinder zu unterhalten.

„Bei der Sabine war ich ja schon sechsunddreißig, der Arzt hat mich fast für verrückt erklärt, daß ich schon wieder ein Kind bekam. Die üblichen zwei hatten wir ja schon. Aber am Anfang war es auch arg, da habe ich schon gemerkt, daß ich nicht mehr so fit bin, wie mit zwanzig", erzählte Sabines Mutter. „Sabine hat aber auch gar nicht durchschlafen wollen wie Thomas und Petra. Das war ganz schön stressig. Erst mit fast vier Jahren ist sie ein bißchen ruhiger geworden. Am schlimmsten war die Zeit, als sie jede Nacht so um zwei aufgewacht ist und putzmunter zwei Stunden gespielt hat. Ich mußte sie ja immer wieder beruhigen, die Großen haben doch ihren Schlaf gebraucht, der Thomas war ja schon in der Schule. Und mein Mann war damals viel auf Montage, der konnte mir auch nicht viel helfen. Wenn der am Sonntag mit den Kindern spazieren gegangen ist, habe ich mich immer sofort ins Bett gelegt und weg war ich."

„Und da haben Sie trotzdem noch den Ralf bekommen?" fragte Pauls Mutter erstaunt. „Na ja, so hundertprozentig geplant war der auch nicht", meinte ihre neue Freundin. „Aber der Ralf war wieder ein pflegeleichtes Kind, der läuft so mit, und wir haben auch einen Riesenspaß an dem Rabauken. Ich hatte auch drei Geschwister und mein Mann sogar fünf, wir sind beide Trubel gewöhnt. Bloß am Anfang, als der Ralf gerade geboren war, da hat die Sabine sich so richtig auffällig benommen. Sie hatte sowieso erst so spät angefangen zu sprechen, und damals hat sie so gepiepst und so schnell geredet, daß ich alles dreimal nachfragen mußte. Das konnte ich aber doch mit dem Baby nicht so oft machen, und da hat der Kinderarzt dann gleich wieder gemeint, das kommt alles nur von der Eifersucht."

„Wie war das denn dann bei Ihnen mit dem Kindergarten?" fragte Pauls Mutter. Sie konnte sich beim besten Willen nicht vorstellen, wie sie mit noch drei Kindern so eine Fahrt bewältigen hätte können, wie sie es jeden Tag mit Paul erlebte. „Da hatten wir Glück, daß ja der Thomas schon hier im Kindergarten war und daß Sabine aufgenommen wurde, als Petra erstmal jeden Tag eine Zeit mit ihr gespielt hat. Die Kindergärtnerinnen waren schon verdutzt, wie komisch Sabine redet und daß sie so gar nicht mit den anderen Kindern spielt. Aber sie haben sie halt so gelassen, das war wohl für Sabine ganz gut. Sie hat sich dann immer in die Puppenecke gesetzt und den Kindern zugeschaut und dabei vor sich hingesungen. Die Kinderlieder hat sie ja immer ganz schnell auswendig gekonnt. Mit Musik konnte man sie auch immer trösten. Darüber war ich ganz froh, denn so ein Kuschelkindchen war die Sabine nie. Immer so mal schnell auf den Schoß und dann ganz schnell wieder herunter. Streicheln konnte sie nie leiden, aber wenn mein Mann sie mal so richtig in die Luft wirft, davon kann sie nicht genug kriegen. Na ja, Kinder sind eben verschieden."

„Wie ist denn das dann mit der Schule geworden?" fragte Pauls Mutter etwas bange. Der Gedanke an die Schule stand oft wie ein unüberwindliches Gebirge vor ihr. Daß Paul nicht in die „normale" Schule gehen konnte, war ihr klar. Aber was für Möglichkeiten gab es denn überhaupt für ein autistisches Kind – das war ein großer Sorgenpunkt für sie. „In die Grundschule konnte Sabine nicht gehen, das Durcheinander und den Lärm hätte sie nicht vertragen", meinte Sabines Mutter. „Ganz in unserer Nähe gibt es eine Schule für Geistigbehinderte, das hat uns die Kindergärtnerin erst empfohlen. Aber da haben sie dann gemeint, daß Sabine dort doch unterfordert wäre. Jetzt ist sie in der ersten Klasse in der Sprachheilschule. Da sind nur zwölf Kinder in der Klasse, und die Lehrer geben sich große Mühe mit den Kindern. Sabine ist da auch ein besonderes Kind. Die anderen reden mit Händen und Füßen, die sind unheimlich erfinderisch, wenn sie einem etwas klarmachen wollen. Das kann Sabine nicht, sie versteht die ganze Mimik und Gestik nicht. Das wissen wir ja selber auch erst seit einem halben Jahr. Da hat unser Rektor eine Fortbildung gemacht, über zentrale Sprachstörungen ging die, und da kam er auf die Idee, daß Sabine vielleicht autistisch sein könne. Wir sind dann nach München in die Klinik gefahren, und die haben Sabine erst mal getestet und untersucht, das hat ganz schöne Kämpfe gegeben. Am schlimmsten war das EEG, am Kopf läßt sie sich ja fast überhaupt nicht anfassen. Wir haben ihr ja die Haare schon so kurz geschnitten, weil das beim Haarewaschen immer so einen Riesenzirkus gibt. Wir waren ganz schön fertig, als dann plötzlich herauskam, daß Sabine einen Hirnschaden hat und eine Behinderung. Da muß man sich schon fragen, warum vorher keiner draufgekommen ist, daß Sabine nicht nur „ein bißchen komisch ist". Erst mal habe ich fast einen Tag geheult, aber allmählich haben wir uns daran gewöhnt. Sie ist ja doch so ein liebes Kerlchen, wir haben sie doch alle lieb, ob mit oder ohne Behinderung."

Da konnte Pauls Mutter ihr zustimmen. Sie hatte ihren Paul genauso ins Herz geschlossen, und glücklicherweise hatte sich ja auch ihr Mann allmählich damit abgefunden, daß sein Bub, sein Stammhalter wohl immer Hilfe brauchen würde. Das ist ja nicht so einfach, wenn die anderen Kollegen stolz von ihren Kindern erzählen und man da gar nicht mithalten kann. Viele Väter packen das nicht, ein Glück, daß Pauls Eltern sich trotz der ganzen Sorgen doch immer wieder zusammengerauft hatten.

Gebt Gerhard eine Chance!

Gerhards Mutter war allein, sein Vater hatte „diese Zumutung" nicht ausgehalten. Was aber war diese Zumutung – wozu hatte sein Mut nicht gereicht? „Tu ihn weg, er gehört in ein Heim, wo man ihn aufbewahrt. Mit so einem Kind muß man sich doch nur vor den Leuten schämen", war seine Meinung. Darüber kam es immer wieder zum Streit, die Entfremdung zwischen den Eltern wuchs. Gerhards Mutter konnte sich nicht entschließen, „ihn wegzutun", trotz aller Schwierigkeiten. Sie war bald zu müde zum Streiten, biß die Zähne zusammen und versuchte, den Alltag mit Gerhard durchzuhalten. Sie merkte es selbst, sie war nicht mehr die fröhliche Frau, die auf ihren Mann einging, die mit ihm wie früher im Freundeskreis feiern konnte. Ihr Mann wollte aber nicht auf sein gewohntes Leben verzichten, er wollte nicht daheim bleiben, bloß weil Gerhard bei jedem Ausflug so fürchterlich schrie, bloß weil Gerhard nicht an einen Babysitter zu gewöhnen war. So ging er eben allein aus, kam abends immer später nach Hause, wo es durch Gerhard so ungemütlich war.

Wenn wir auf den fünfjährigen Buben zurückschauen, sieht es gar nicht so arg aus. Er spricht zwar nicht, hat aber Freude an Musik, summt alle Kinderlieder mit, sitzt recht ruhig mit den anderen vier Kindern seiner Kindergartengruppe am Tisch und steckt mit Ausdauer runde Holzstäbe in ein Steckbrett. Er sortiert sie nach Farben und Größe und ist sichtlich stolz, als er sein Werk betrachtet. Gleich kippt er das Brett wieder aus und beginnt von neuem mit seiner Arbeit. Wir müssen genau hinschauen, bis uns auffällt, daß er sich kein einziges Mal dabei an die Erzieherin oder gar an ein anderes Kind gewandt hat. Interessiert ihn ihr Lob wirklich nicht? Oder kann er das nur nicht zeigen? Wir wissen es nicht. Was wir aber beobachten müssen, ist eine plötzliche Explosion – ein anderes Kind hat einen von Gerhards Stäben genommen. Da ist es mit der Ruhe vorbei, Gerhard schreit zornig und stürzt sich mit den Fäusten auf den kleinen Max. Die Erzieherin muß alle ihre Kraft aufwenden, um ihn zu bändigen. Wir verstehen nun besser, warum Gerhard „hier" ist. Wir sind nicht in einem normalen Kindergarten, wir sind in einer geschlossenen Abteilung einer Klinik für Kinder- und Jugendpsychiatrie. Etwas Angst bekommt man schon, wenn man zum ersten Mal hier hereinkommt – Türen, wie in jedem Haus, aber jede ist versperrt, auch die Fenster kann man nur mit einem Schlüssel öffnen.

Als der Kinderarzt ihr den Rat gab, mit Gerhard in die Klinik für Kinder- und Jugendpsychiatrie zu gehen, war seine Mutter entsetzt. Auch die Oma empörte sich am Abend: „Gerhard ist doch nicht verrückt, in die Psychiatrie gehören doch nur die Spinner! Gerhard ist doch nur frech, du müßtest ihn eben doch mal richtig übers Knie legen. Eine Tracht Prügel hat noch keinem geschadet." Aber da schüttelte seine Mutter nur den Kopf. Sie spürte einfach, daß da etwas anderes sein mußte, daß Gerhard nicht aufsässig war, sondern von tiefer Angst und Panik erfüllt. Er hatte ja auch von Anfang nie durchgeschlafen, er hatte nicht richtig trinken können, er hatte mit vier Jahren noch immer nicht kauen können, alles mußte sie pürieren und ganz langsam mit dem Löffel einfüttern. Wenigstens an den Löffel hatte er sich nach langem Widerstand gewöhnt, aber er verschluckte sich noch bei jedem kleinen Bröckchen, jede Mahlzeit war ein Kampf ums Überleben bei dem kleinen dürren Kerlchen. Wie hätte er auch nur ein bißchen Babyspeck ansetzen können, seit er laufen konnte, war Gerhard pausenlos auf den Beinen. Jedes Anziehen war ein Kampf, wenn es gar ein neues Kleidungsstück war, dann brüllte der kleine Kerl und entwickelte Bärenkräfte, um sich zu wehren.

Erschöpft, mutlos und mit vielen Ängsten ging Gerhards Mutter also eines Tages in dieses unheimliche Gebäude „Psychiatrie". Ganz sonderbar kam es ihr vor, daß es da ein ganz normales Wartezimmer gab, wie beim Kinderarzt waren Spielsachen in einer großen Kiste, ein großes Schaukelpferd stand einladend da. Gerhard war wie der Blitz drauf und ritt wild los. Als die Ärztin hereinkam, lachte sie: „Du bist aber ein toller Reiter". Gerhard wollte sich nicht anfassen lassen. Das war hier kein Problem. Eine Heilpädagogin blieb bei ihm, und so konnte Gerhards Mutter erst mal von seiner Entwicklung berichten. Die Ärztin hörte aufmerksam zu und fragte nach, offensichtlich war ihr das gar nicht so unbekannt, was die Mutter da erzählte. Es war eine Erleichterung für die entmutigte Mutter, daß ihr hier keiner Vorwürfe machte, sie hätte den Buben nur nicht richtig erzogen. „Haben Sie schon einmal etwas von Wahrnehmungsstörungen gehört?" fragte die Ärztin schließlich. „Ich habe den Verdacht, daß Gerhard da Probleme hat. Manche Kinder können das, was sie sehen, hören, riechen, fühlen oder schmecken nicht richtig verstehen, sie können nicht erkennen, daß die Schritte, die sie hören und die Person, die sie sehen, zu einem Ganzen gehören und deshalb sind sie immer in Panik. Deshalb wehren sie sich auch so gegen alles Neue, weil sie es nicht mit etwas in Zusammenhang bringen können, was sie schon kennen. Da ist eben ein gelber Apfel etwas völlig anderes als ein roter Apfel, das verwirrt die Kinder dann total, wenn man zu beidem ‚Apfel' sagt. Mag Gerhard denn irgendein Spiel besonders gerne?" „Ja, er mag gern ganz wild schaukeln, das haben Sie ja eben im Wartezimmer gesehen, er mag gerne, wenn ich ihm etwas vorsinge, aber er summt die Melodien nur ganz leise mit, sprechen kann er noch nicht. Das macht mir ja die größten Sorgen", erklärte Gerhards Mutter.

Noch fünfmal mußten die beiden in die Klinik kommen, Gerhard wurde beobachtet, er mußte auch das EEG über sich ergehen lassen. „Wir müssen es bei Gerhard in Narkose machen, er ist ja absolut nicht zur Ruhe zu kriegen, aber es muß leider unbedingt sein", erklärte die Ärztin. Ja dann erwies es sich auch, daß Gerhard tatsächlich kein normales EEG hatte. „Ein Kind mit so vielen Störungen bei der Verarbeitung von Reizen muß einfach Probleme bei den einfachsten Anforderungen im Alltag haben, es ist kein Wunder, daß Gerhard so hektisch ist und so leicht ausflippt", erfuhr die Mutter bei der Schlußbesprechung. „Wir vermuten, daß er auch eine zentrale Sprachstörung hat, daß er also das, was er hört, nicht richtig verarbeiten kann. Wir empfehlen Ihnen, Gerhard in unseren Klinikkindergarten zu geben. Dort sind nur fünf Kinder in einer Gruppe und zwei Erzieherinnen kümmern sich um die Kinder. Eine Beschäftigungstherapeutin fördert die Kinder in der Wahrnehmung und Verarbeitung von Sinnesreizen, auch eine Logopädin könnte sich zweimal in der Woche um Gerhard kümmern."

Das war erstmal ein Schock, Gerhard war tatsächlich ein Kind mit einer schweren Behinderung, da machten ihr die Ärzte keine Illusionen. Trotzdem war es auch eine Erleichterung, endlich zu wissen, was mit Gerhard los war, und daß nicht sie als Mutter bei der Erziehung so schrecklich versagt hatte. Diesen Vorwurf hatte sie doch allzuoft bekommen mit ihrem angeblich ungezogenen Kind. „Ja, Gerhard ist tatsächlich unerzogen", sagte ihr die Ärztin, „aber er ist unerzogen, weil er ja ihre Erziehung gar nicht verstehen konnte. In der Therapie wird er in kleinen Schritten lernen, sich an vieles zu gewöhnen, vor dem er jetzt Angst hat und dann wird er auch im Umgang leichter werden." Das war eine Hoffnung, ebenso wie das Versprechen, daß auch sie, die Mutter, Hilfe und Anleitung für die vielen schwierigen Situationen zu Hause bekommen sollte. Denn was nützt es, wenn die Experten nur in der Klinik arbeiten und die Eltern mit den Problemen allein lassen.

Daß Gerhard so konzentriert die Stäbe aufreihen konnte, das war so ein Fortschritt. Daß er mit anderen Kindern zusammen am Tisch saß und sich nicht vor ihnen unter den Tisch flüchtete, schien der Mutter manchmal noch wie ein kleines Wunder. Auch die Wutanfälle wurden seltener, und vor zwei Wochen hatte

Gerhard sogar zum ersten Mal eine Scheibe Brot ohne Verschlucken geschafft. Richtig fröhlich ging sie nun schon in dieses vorher so gefürchtete Gebäude. Sie wußte, daß die Kinder nicht „eingesperrt" wurden, sondern nur so lange, wie es irgend nötig war, davor geschützt wurden, auf die Straße zu laufen oder einfach ohne eine Ahnung von den Gefahren aus einem Fenster zu springen. So große Fortschritte machte der Bub in einem halben Jahr, daß sie es sich nun allmählich auch traute, sich ihren Sohn als Schulkind vorzustellen.

Martin – wo bist du?

Martin sieht uns nicht.' Aber – warum sieht Martin uns nicht? Er kann doch mit solch atemberaubender Geschwindigkeit seine Puzzles zusammenfügen. Nicht nur das, vorher hat er drei Puzzles aus den Schachteln zusammengeworfen, tüchtig die Teile gemischt und dann mit traumhafter Sicherheit die Puzzles wieder zusammengesetzt. Sind ihm die Bilder nicht so wichtig? Die Puzzles zeigen ja die Rückseiten! Wie können wir das verstehen? Martin sieht doch gar nicht, daß dieses Teil zum Fuß der Ente gehört, daß jenes Teil gerade noch die Strahlen der Sonne zeigt.

Martin ist ein hübsches Kind, ein feingliedriger Bub mit großen Augen. Er liebt weiche Stoffe, unbefangen kommt er auf Besucher zu und drückt sein Gesicht in ihre Pullover. Er gibt sogar die Hand, dann aber zieht er sie blitzschnell weg und schnuppert daran. Das ist schon ein bißchen ungewöhnlich für einen Vierjährigen, die wissen doch im allgemeinen schon ganz gut, was sich gehört. Seiner Mama war das lange recht peinlich, man sieht es ihrem Gesicht an, als wir gemeinsam einen alten Film betrachten.

Wenn wir noch eine Zeit zurückgehen, sehen wir ein ganz anderes Kind, das in die Kamera lächelt, das uns zuwinkt und dann mit berechtigtem Stolz zeigt: „So groß bin ich schon". Ein selbstbewußtes Kerlchen, gerade 17 Monate ist er auf diesen Bildern alt. Ja, wir sehen ein ganz anderes Kind, und doch ist es der gleiche Martin, dieselbe Nase, dieselben Haare, dieselbe Narbe auf dem Unterarm, nur die Augen, die sind wirklich anders. Was ist da geschehen? Wie kann ein Kind sich so verändern?

Viele autistische Kinder sind von Geburt an anders als gesunde Kinder, sie haben Trinkschwierigkeiten, Schlafschwierigkeiten, sind schreckhaft, unruhig, oder auch ganz auffällig ruhig. Aber es gibt auch Kinder wie Martin, bei denen man überhaupt nichts besonderes bemerken konnte – bis dann die Katastrophe hereingebrochen ist. Bei Martin war es der Keuchhusten, den das Nachbarskind aus der Schule mit nach Hause gebracht hatte. Schlimm war der kleine Kerl dran, immer schlimmer wurden die Hustenanfälle. Schließlich mußte Martin ins Krankenhaus – eine Lungenentzündung hatte sich entwickelt. Ganz blau wurde der Bub oft bei den Hustenanfällen, das Fieber stieg trotz der Medikamente immer höher. Martin wurde ins Sauerstoffzelt gelegt – nach zwei bangen Wochen schien das schlimmste überstanden. Aber Martin war völlig verändert. Er weinte nur noch, ließ sich nicht mehr in den Arm nehmen, er schaute die Eltern gar nicht mehr an, sondern sein Blick ging ins Leere, die großen Augen schienen immer irgendwo neben den Eltern ins Unendliche gerichtet. „Warten Sie nur ab, die Kinder sind durch die Krankheit und durch die fremde Umgebung verstört, aber das gibt sich zu Hause schnell wieder", wurden die Eltern beruhigt.

Doch das stimmte nicht. Trotz aller Geduld war Martin ein untröstliches Schreikind geworden. Er lief auch nicht mehr so sicher wie vorher, stolperte oft über die eigenen Füße. Vor der Krankheit hatte er schon ganz schön gesprochen, Mama, Papa, Ball, Apfel, Heia, Dasda ..., er hatte in den Bilderbüchern alle Spielsachen erkannt und freudig gejuchzt, wenn er sein Bärenbuch umblätterte. Jetzt wollte er sich nicht mehr mit der Mama hinsetzen, nichts wollte er mehr, er setzte sich nur noch in eine dunkle Ecke und schaukelte mit dem Oberkörper hin und her. Immer beunruhigter beobachtete die Mutter ihn, und dann sah sie mit Schrecken, daß Martin plötzlich ganz blaß wurde, die Augen nach oben verdrehte und mit seinen Händen zuckte. Wie der Blitz packte sie den Kleinen und raste in die Praxis des Kinderarztes. Der überwies sie gleich in die Klinik – Martin brüllte schon verzweifelt, als sie die Eingangstür erreichten. Er mußte erst mit Medikamenten ruhiggestellt werden, bis er endlich untersucht werden konnte. Fassungslos erstarrten die Eltern dann: Martin hatte eine schwere Epilepsie. Einen „gravierenden Entwicklungsrückstand" diagnostizierten die Ärzte dabei gleich mit. Was konnte nun getan werden? Am schlimmsten ist es für Eltern, wenn sie hilflos und untätig zusehen müssen, wie sich ihr Kind abquält. Die Epilepsie sollte mit Medikamenten eingestellt werden. „Was heißt denn einstellen?", begehrte die Mutter auf. „Martin ist doch keine Maschine, kein Motor, den man irgendwie einstellen kann!" Das stimmte natürlich, und doch war der Vergleich gar nicht so falsch. Ganz einfach ausgedrückt kann man sich die Epilepsie schon als eine Art „Kurz-schluß" im Gehirn vorstellen.

Allmählich ging es wieder aufwärts, es konnte für Martin ein Medikament gefunden werden, das die beängstigenden Anfälle wegnahm und den Kleinen doch nicht ganz müde daliegen ließ. Körperlich ging es Martin also besser, dafür hatte sich aber das entwickelt, was in der nüchternen Fachsprache ein „Vollbild des früh-kindlichen Autismus" hieß.

Was hieß das im Alltag? Es bedeutete, täglich das Chaos zu bewältigen, es hieß, die eigene Angst bändi-gen, wenn Martin in panischer Angst schrie und um sich trat. Martin hatte strenge Rituale entwickelt: Beim Waschen mußte zuerst die rechte Seite drankommen, danach erst die linke, sonst geriet er außer sich. Wenn er einen neuen Pulli anziehen sollte, wurde das zum Drama – und Martin wuchs damals schnell, die Sachen paßten beim besten Willen nicht mehr. Den Weg zum Kindergarten kannte er genau, als auf dem Bürgersteig eine Baustelle eingerichtet wurde, wollte er mitten durch, beachtete das tiefe Loch gar nicht. Pausenlos war er in Gefahr. Wenn die Mutter am Montag ohne Anhal-ten über die Straße gegangen war, wollte er am Dienstag genau dasselbe, ohne zu beachten, daß gerade ein Auto kam.

„Martin ist weg, er ist einfach verschwunden", weinte die Mutter, als ihr Mann abends nach Hause kam. Sie hatte beim Aufräumen alte Bilder gefunden, vor Martins Krankheit, und da war ihr so in aller Schwere zum Be-wußtsein gekommen, was sie verloren hatte. Ihr Martin, das Kind, das ihr zugewinkt hatte, das nach der Mama gerufen hatte – das gab es nicht mehr. Sie konnte Mar-tin wohl rufen, aber er gab keine Antwort, er reagierte nicht mal, wenn sie ihn direkt an der Hand faßte und seinen Namen sagte. Taub war er nicht, ganz leise Geräusche hörte er offensichtlich, wenn der Papa den Schlüssel im Schloß herumdrehte, versuchte er sofort, durch die offene Tür zu entwischen, aber als der Mutter ein ganzer Stoß Teller aus der Hand fiel, zuckte er nicht mal zusammen. Als Martin fünf Jahre alt war, bekam er einen kleinen Bruder. Christian war ein ruhiges Baby – aber Martin heulte jedesmal auf, wenn der Kleine ein bißchen gurgelte und blubberte, wie Säuglinge das eben machen. Entsetzt sah die Mutter gerade noch rechtzeitig, wie er dem Kleinen grob den Mund zuhielt, als der wieder seine Laute machte.

„Martin, halt, der Christian ist noch so klein!" schrie sie ihm zu. Nur, das half ja nichts, Martin reagierte ja nicht auf das, was sie ihm sagte. Pausenlos mußte sie aufpassen, daß Martin den kleinen Bruder nicht in Gefahr brachte. Sie wußte ja, daß er das nicht aus bösem Willen tat, er konnte ja auch für sich selbst keine Gefahr einschätzen. Sie mußte ihn ja auch auf dem Gehweg fest an die Hand nehmen, weil er sonst einfach auf die Straße lief. Runde glitzernde Gegenstände faszinierten ihn, er konnte Mamas Taschenspiegel kreiseln lassen, er drehte den glänzenden Soßenschöpfer begeistert und fröhlich quietschend vor seinen Augen, daß er die glänzenden Radkappen der Autos nicht nehmen und drehen konnte, war sein ständiger Kummer. Einen Moment mußte die Mutter sich abwenden – schon war es passiert, Martin hatte den Kinderwagen mit Christian umgeworfen und versuchte nun an die heißbegehrten Radkappen zu gelangen. Den schreienden Christian beachtete er nicht.

Das war der letzte Auslöser für die Entscheidung, die

die Eltern bisher vor sich hergeschoben hatten: Sie mußten für Martin einen Heimplatz suchen. „Er ist doch noch so klein, er braucht uns doch noch so sehr. Wer wird sich richtig um ihn kümmern, wer weiß, was er gern ißt, wer singt ihm seine Lieder vor? Das können fremde Menschen doch gar nicht!"

Glücklicherweise begleitete eine verständnisvolle Sozialarbeiterin der Klinik Martins Eltern in dieser Zeit. Sie erzählte ihnen, wie es in so einer Heimgruppe zuging, sie tröstete die Eltern in ihren riesengroßen Schuldgefühlen. Schließlich entschieden sich die Eltern für eine anthroposophische Dorfgemeinschaft, wo Martin mit anderen behinderten Kindern im Haus eines Erzieherehepaares wohnen sollte. Sie schrieben seitenlange Berichte: über seine Lieblingslieder und was er gerne oder auch gar nicht gerne essen mochte, sie richteten seine Kleidung her und packten seine Autos und seine heißgeliebten Glasmurmeln mit der Kugelbahn ein.

Martin drehte sich kaum nach seinen Eltern um, als sie sich von ihm verabschiedeten. Er verstand ja gar nicht, was da vorging, er hatte ja kein Zeitgefühl, kein Verständnis für: „In sechs Monaten dürfen die Eltern dich wieder besuchen." Das waren sechs entsetzlich lange Monate, die Mutter weinte sich jeden Abend vor Sehnsucht nach ihrem Martin in den Schlaf. Trotzdem wußte sie, daß sie Christian und Martin nicht gemeinsam aufwachsen lassen konnte, sie hätte den Kleinen irgendwann nicht mehr schützen können. Erst jetzt merkte sie auch, wie erschöpft sie nach den letzten Jahren mit der ständigen Sorge um Martin war. Die Trennung war nach jedem Besuch noch hart, aber allmählich spielte sich doch ein Rhythmus ein: In den Ferien kam

Martin nach Hause, dann kam auch die Oma und half, den Alltag mit den beiden Kindern zu bewältigen. Ob Martin traurig war, wenn er wieder in seine Heimfamilie kam, konnte man gar nicht merken, aber der kleine Christian weinte bei jedem Abschied dicke Tränen. Trotz allem, er hatte seinen großen Bruder gern – das sollte für Martin später noch zu einer großen Hilfe werden.

Altersgemäß

Ein Stichwort, mit dem Eltern häufig von Fachleuten konfrontiert werden ist das Wort „altersgemäß". Oft hören sie das Urteil: „Ihr Kind ist nicht altersgemäß entwickelt" oder: „Ihr Kind ist in der Entwicklung seiner Sprache, seiner Motorik, seinem Spielverhalten, seiner Intelligenz, etc. zurückgeblieben".

Wenn Fachleute davon sprechen, daß eine Entwicklung altersgemäß bzw. nicht altersgemäß ist, liegen Vorstellungen über einen normalen Entwicklungsverlauf zugrunde. Das Wissen darüber stammt aus der Entwicklungspsychologie und der Medizin, die sich beide von verschiedenen Standpunkten aus damit auseinandersetzen. Beim Klinischen Psychologen oder Kinderpsychiater steht die psychische Entwicklung und ihre Beurteilung im Vordergrund, beim Kinderarzt die körperliche Entwicklung. Die Zusammenschau der Untersuchungsergebnisse aus beiden Bereichen zeigt uns, ob ein Kind im Normbereich seiner Altersgruppe liegt oder deutlich davon abweicht.

Die Abweichungen können allgemein sein, d. h. sie können alle untersuchten Bereiche oder einzelne Teilbereiche betreffen wie z. B. körperliche Entwicklung, Motorik, Sprache, Spiel, Sozialverhalten, Imitationsverhalten, Vorstellungsvermögen, Abstraktionsfähigkeit, Gedächtnis, etc. Es wurden standardisierte und normierte Tests entwickelt, die eine immer gleiche Testsituation gewährleisten (Standardisierung), und den Vergleich mit einer größeren Gruppe gleichen Alters (Normierung) erlauben. Testbatterien (Zusammenstellungen mehrerer Tests), Fragebögen und Beobachtungen sind sehr nützlich für die Früherkennung von Entwicklungsabweichungen oder Entwicklungsrückständen. Die Früherkennung von Störungen ist eine notwendige Vorraussetzung für die Frühförderung, um Störungen der Entwicklung korrigieren oder wenigstens abmildern zu können (Brack, 1986).

Eine normale Entwicklung verläuft allerdings mit einer großen Variationsbreite und mit beträchtlichen individuellen Unterschieden, so daß es auch für Fachleute manchmal schwierig ist zu entscheiden, ob eine festgestellte Auffälligkeit eines Kindes eine behandlungsbedürftige Entwicklungsstörung oder einen Entwicklungsrückstand anzeigt, der sich ohne therapeutische Maßnahmen „verwächst". Erst die Beobachtung eines Kindes über längere Zeit oder wiederholte Untersuchungen können klären, ob Verhaltensauffälligkeiten einer vorübergehenden Krise durch Krankheit oder anderen belastenden Bedingungen zuzuschreiben sind oder ob eine andauernde Störung oder ein anhaltender Rückstand in der Entwicklung vorliegt.

Verhaltensweisen können für eine bestimmte Altersstufe als angemessen angesehen werden, z. B. das Nachsprechen von unmittelbar Gehörtem, das Aufreihen von kleinen Gegenständen, Wutausbrüche, Verweigerung bei Veränderung, Angst vor Unvertrautem, Einnässen, usw. Verändern sich diese Verhaltensweisen aber nicht mit zunehmendem Lebensalter und bestehen sie in einem Ausmaß fort, das in Bezug auf Intensität und Dauer, gemessen an Altersgenossen, auffällt, sind dies Zeichen für eine mögliche Störung in der Entwicklung eines Kindes. Gezielte Beobachtungen und Untersuchungen führen dann zu einer Diagnose.

Die Diagnose „Autismus" bedeutet für Eltern zunächst einmal nur, daß es sich um eine schwerwiegende Störung handelt. Die Diagnose ist das Gesichertste, was sie zu dem Problem erfahren können. Weitergehende Fragen nach der Verursachung und dem „Was tun?" werden auf die unterschiedlichste Weise beantwortet oder bleiben offen. Diese Unsicherheiten können bei den Eltern viele belastende Gefühle auslösen, mit denen sie sich fast ausschließlich nur an andere betroffene Familien wenden können, um Verständnis und Unterstützung zu finden. Der innere Prozeß, allmählich und unter Schmerzen, Wut, Trauer, Verzweiflung und Ängsten die Behinderung ihres Kindes für wahr zu nehmen und sich die lebenslangen Konsequenzen klar zu machen, das kann Eltern in Depressionen treiben, es kann Konflikte zwischen den Partnern schaffen und verzweifelte Aktivitäten in Gang setzen, um mit den vielfältigen Problemen zurechtzukommen. In einer Umgebung, in der Leistungsdenken vorherrscht und tadelloses Funktionieren erwartet wird, bedeutet eine Behinderung zugleich eine mögliche Wertminderung, und es bedarf besonderer psychischer Anstrengungen als Betroffene, den eigenen Selbstwert nicht in Frage zu stellen oder auch von anderen in Frage gestellt zu sehen. Die Suche nach eigenen Fehlern und eigenem Versagen kann sehr zermürbend sein. Rückzug und spätere Isolation kann die Folge sein, oder auch Aktivismus und besonderer Tatendrang.

Soviel steht fest: Ein behindertes Kind in der Familie bringt zunächst Einschränkungen für alle Beteiligten. Das gemeinsame Leben und die tägliche Auseinandersetzung kann aber ein Umdenken und neue Gefühle bringen, und es kann in der Folge eine Bereicherung durch die schwierige Situation erlebt werden. Der Austausch mit anderen betroffenen Eltern und Geschwistern kann Entlastung und Trost bringen, sowie Anregung und Information. Darüber hinaus entstehen aber zweifellos auch zusätzlich belastende Gefühle, wenn andere Kinder oder Familiensituationen mit den eigenen verglichen werden. Alle Formen von Konflikten können auftreten, wenn es um Vergleiche von „mehr oder weniger" geht und die bestehenden Unterschiede nicht mit Offenheit und Wohlwollen gesehen und akzeptiert werden. Bei all diesen Belastungen sollten die betroffenen Familien eine unterstützende sach- und fachgerechte Begleitung erwarten dürfen.

Brack, U. B. (Hrsg.). (1986). Frühdiagnostik und Frühtherapie. Psychologische Behandlung von entwicklungs- und verhaltensgestörten Kindern. Urban und Schwarzenberg, München.

2

Auch autistische Kinder werden Schulkinder

... Der einzige Weg, wenigstens mit einiger Sicherheit herauszufinden, ob ein Kind „bildungsfähig" ist, besteht in dem Versuch, ihm eine Bildung zu geben (Wing).

Paul sammelt

Können Sie sich das vorstellen: Da steht ein stämmiger neunjähriger Bub auf dem Marktplatz, mitten im Faschingstreiben. Er hat ein langes rotweiß-geringeltes Hemd an, die Backen sind mit dicken roten Punkten verziert. Vergnügt schaut er den anderen Kindern zu, wie sie ihre Luftschlangen ausblasen und mit vollen Händen mit Konfetti werfen. Auch Paul hat Luftschlangen dabei, auch eine große Tüte mit Konfetti hat ihm die Mutter in seinen heißgeliebten Kinderkoffer zur Brotzeit mit dazugepackt. In aller Ruhe futtert er erstmal einen Krapfen, dann hat er genug zugeschaut. Paul bläst bedächtig seine erste Luftschlange aus – und wie der Wind fängt er sie auf und steckt sie in sein Köfferchen. Mit den nächsten macht er es genauso, bis sein Koffer fast zum Platzen gefüllt ist. Was nun? Paul überlegt ein bißchen, schließlich hat er die Lösung – da ist ja noch ein Päckchen mit Saft! Er trinkt ihn genüßlich aus, dann hat er wieder Platz. Paul ist nämlich ein Sammler: Wie können die sogenannten „normalen" Leute nur all die Schätze wegwerfen! Paul bückt sich, rafft eine Handvoll Konfetti zusammen und verstaut sie im Koffer. Wieder bückt er sich und rafft, bis wirklich nichts mehr hineinpaßt. Die Eltern haben sich fast geschüttelt vor Lachen. Sie kennen das schon, seit Paul nicht mehr so menschenscheu ist, wie er es in den ersten Lebensjahren war, sammelt er im Fasching eben Luftschlangen und Konfetti. Zuhause sammelt er ja auch Autos, Steine, Zeitungsbilder mit Autos, Marmeladenglasdeckel, rote Knöpfe, die Eltern wissen inzwischen, daß sie keine Chance haben, solche Kostbarkeiten an Paul vorbei in den Mülleimer zu schmuggeln.

Immerhin hat er schon gelernt, daß er keine Essensreste sammeln darf, auch wenn die Nudeln mit der roten Soße drauf noch so sehr dazu verlocken. „Nein, nein, nein", klagt er dann, aber er gibt sie doch her. „Paul will Auto haben" kann er inzwischen schon sagen. „Paul Schule geht warum?" kann er fragen, wenn er mal wieder gar keine Lust hat, so früh aus dem warmen Nest zu kommen. Ja, Paul ist inzwischen ein eifriger Schüler geworden. Er kann alle Buchstaben lesen und auch schreiben, manchmal noch etwas wacklig, aber doch zu erkennen, wenn man sich Mühe gibt. Das Rechnen allerdings bereitet ihm viel Kummer. Die Zahlen sind irgendwie sperrig, sie wollen nicht in seinen Kopf. Freilich, die Punkte auf dem Würfel kennt er, und er weiß ganz genau, wie weit ein Spielemännchen weitergehen darf, wenn der Würfel drei Punkte zeigt. Nur über die zehn hinaus reicht sein Vorstellungsvermögen nicht, das kommt aber noch, mit zwölf Jahren wird er sich schon „allein" ein Eis kaufen können.

„Wenn er doch nur einmal ‚warum' fragen würde", hatte seine Mutter früher oft geklagt. Ihre Schwägerin konnte sich damals gar nicht der vielen „warums" erwehren, mit denen Nina sie so oft nervte. Jetzt, mit neun Jahren, beginnt auch Paul zu fragen: „Warum heute nicht in die Schule gehen?" Oder: „Warum heute keine Spaghetti?" Einfach ist es nicht, auf solche Fragen zu antworten. Paul wiederholt sie oft hartnäckig, und die Mutter weiß manchmal nicht, ob er nur das Gespräch mit ihr in Gang halten will oder ob er ihre Erklärungen wirklich nicht verstanden hat. Wenn er so verschmitzt in sich hineinlächelt, sagt sie manchmal auch nur „Das weißt du doch, du alter Schlingel!" Dann lacht Paul und drückt sich ganz eng an sie. Das heißt: „Bitte kraul mir doch den Rücken!" Das war ein Riesenschritt, als Paul endlich so weit war, daß er sich seine Portion Schmusen holen konnte und sich nicht mehr steif machte, wenn ihn die Eltern in den Arm nehmen wollten.

In der dritten Klasse mußte Paul die Schule wechseln. Das war hart für ihn, aber seine erste Schule war zu „offen", die Schüler durften sich immer wieder neue Plätze suchen, Paul fand sich in diesem Chaos nicht zurecht. Es war eine Schule für lernbehinderte Kinder, und Paul konnte auch beim Schreiben und Lesen mithalten. Aber vierzehn Kinder waren in einer Klasse, Paul als das einzige autistische Kind war mit den Freiheiten überfordert, die die anderen fröhlich genossen. Sie durften sich jeden Tag selbst Aufgaben aus dem großen Schrank holen – nur Paul holte sich jeden Tag die gleiche Aufgabe, weil er sich so ein Stück Sicherheit und Überblick verschaffen konnte. So suchten die Eltern für ihn doch einen Platz in einer Schule für geistigbehinderte Kinder, und Paul fühlte sich dort sichtlich wohl. Er war der „gescheiteste“, er konnte sogar anderen Kindern kleine Geschichtchen vorlesen, das half seinem Selbstbewußtsein mächtig auf die Sprünge. Dafür waren die anderen Kinder ihm turmhoch überlegen, wenn es darum ging, zum Beispiel den Tisch für das Mittagessen zu decken oder sich die Schuhe selbst anzuziehen.

„Im lebenspraktischen Bereich hat Paul noch große Defizite“, stand im letzten Untersuchungsbericht. „Was zum Teufel heißt denn das schon wieder“, schimpfte die Oma, als sie das las. „Ja, weißt du, die anderen Kinder in seiner Klasse können sich schon allein anziehen, sie verwechseln die Reihenfolge von Unterhemd und Pulli nicht mehr, sie gehen auch auf fremde Klos und flippen nicht aus, wenn da die Spülung anders ist als zu Hause. Du siehst es ja selbst, Paul muß man beim Waschen und Anziehen noch alles sagen, sonst bringt er die Reihenfolge durcheinander oder fängt an, zu träumen und sitzt seelenruhig mit einem Socken in der Hand eine Viertelstunde da. Drei Kinder aus seiner Klasse können sogar schon allein ein Brot schmieren, das bringt Paul noch nicht fertig. Deshalb üben sie ja auch im Unterricht so viele praktische Sachen. Letzte Woche haben die Kinder sogar einen Obstsalat gemeinsam gemacht, und Paul hat eine Banane in Scheiben geschnitten. Am Anfang hat ihm der Lehrer die Hände geführt, das letzte Stück hat Paul aber ganz allein geschafft. Nächste Woche wollen sie das wiederholen, vielleicht kann Paul dann schon ein größeres Stück selbständig schneiden. Sie üben dann auch, daß alle erst am Tisch sitzen müssen, bevor einer zu essen anfangen darf. Das ist für unseren Paul ganz besonders schwer. Er kapiert die Regeln einfach nicht, wenn so viele Menschen beteiligt sind, denk mal, acht Kinder sind in der Klasse, dazu der Lehrer und die Heilpädagogin."

Ja, die Regeln des „Benimms" sind für autistische Kinder ganz ungewöhnlich schwierig. Gerade das, was andere Kinder sich einfach so nebenbei abschauen, müssen sie mühsam eintrainiert bekommen. Sie verstehen ja auch alles wortwörtlich, und wenn dann die Oma fragt: „Wie geht es Dir?", dann wissen sie nicht, wo sie mit ihrer Erzählung anfangen sollen. Oft sind sie dann „muffig" und antworten gar nichts oder sie beginnen eine ausführliche Erzählung, was sie den ganzen Tag über gemacht haben. Trotzdem, auch autistische Kinder machen Fortschritte und freuen sich an ihren Erfolgen. Paul war begeistert, als er bei Sabine zu ihrem zwölften Geburtstag eingeladen wurde. Die Mutter mußte ihn nur einmal auffordern, Sabine ein Geschenk zu geben und er stürmte auch nicht sofort zum Kuchen, sondern schaute sich die Kaffeetafel zufrieden an. „Sieben Tassen" zählte er, „sieben Teller, sieben Löffel, sieben Kuchengabeln, sieben Seretten (da kam er doch schon ganz schön nah an das schwierige Wort „Servietten" heran!), zwölf Kerzen, zwei Kuchen, sieben Stühle, sieben Bonbon". Zählen war zu seiner Leidenschaft geworden und alle freuten sich mit an seinem Erfolg.

Prinzessin Sabine

Sabine sitzt an ihrer Geburtstagstafel und strahlt über das ganze Gesicht. Wie eine junge Dame hat sie die Glückwünsche und Geschenke entgegengenommen. Das schönste war eine neue Flöte, denn Sabine liebt Musik und ist sehr stolz darauf, daß sie in der Flötengruppe in der Musikschule zu den besten Spielerinnen gehört. Manierlich ißt sie ihre Torte, kleine Stücke trennt sie mit der Gabel ab, und sie hat sich bei der ganzen Mahlzeit kein einziges Mal bekleckert. Das kann man von Paul nicht sagen, er ist noch ein rechtes Ferkelchen und greift unbekümmert mit seinen Patschhänden zu. Nach der Mahlzeit pustet Sabine ihre zwölf Kerzen aus und dann übernimmt Petra die Leitung der Geburtstagsfeier. Die große Schwester hat vorher mit Sabine ein Programm ausgemacht und die Preise fürs Topfschlagen und die Reise nach Jerusalem besorgt. So ist Sabine sicher, was kommt und dann kann sie auch den Trubel einer solchen Feier gut aushalten. Früher hat sie sich auf den Boden geworfen und geweint, wenn es ihr zuviel wurde, das hat sie inzwischen nicht mehr nötig. Sie geht einfach in ihr Zimmer, als sie genug hat und spielt leise auf ihrer Flöte. Auch für Paul ist die große Kinderschar, immerhin zu Sabine und Petra auch noch zwei Mädchen aus Sabines Klasse, bald zuviel. Er zieht sich zum großen Teddybären in die Ecke zurück und schaut den Kindern friedlich zu. Petra spielt mit Sabines Klassenkameradinnen am Tisch eine Runde „Mensch ärgere dich nicht", und alle sind zufrieden.

So haben auch die beiden Mütter Gelegenheit zu einem ausgedehnteren Plausch. „Wissen Sie noch, als wir uns kennengelernt haben, hat Paul bei seinen Wutanfällen noch so fürchterlich gekratzt und gebissen", sagt seine Mutter. „Da hat der Verhaltenstherapiekurs wirklich was gebracht, jetzt flippt er nur noch selten so aus." „Ja, und Sabine hat gelernt, sich zu konzentrieren und nicht immer der Lehrerin und den Mitschülern reinzureden", erinnert sich ihre Mutter. „Es war ja ganz schön anstrengend, immer genau darauf zu achten, wann sie es richtig macht und sie dann auch richtig zu loben. Besonders schwierig war es ja auch, weil der Ralf dann erstmal eine Zeit lang auch so richtig gestört hat, damit ich ihn nicht über Sabine vergesse. Aber es hat sich gelohnt, ich weiß noch, wie stolz wir alle waren, als dann im nächsten Zeugnis stand: ,Sabine strengt sich sehr an, sich im Unterricht unauffällig zu benehmen. Sie hat es geschafft, nicht mehr so oft dazwischenzureden. Zu loben ist, daß sie sich jetzt schon öfter an den Gesprächen im Stuhlkreis beteiligt.' Da weiß man dann doch, wofür man sich so eingesetzt hat."

Pauls Mutter seufzt leise. „Ich hoffe ja auch, daß Paul noch Fortschritte macht. Aber ich glaube, er hat es doch viel schwerer als Sabine, weil er einfach nicht so gescheit ist und sich auch nicht so viel Mühe gibt. Petra erzieht Sabine auch richtig mit, das habe ich vorhin gesehen, als Sabine sich den Kuchen einfach mit der Hand schnappen wollte, so wie Paul das noch immer macht. Aber ich kann ihm ja auch keine große Schwester herzaubern."

„Mit den Geschwistern ist es natürlich auch so eine Sache. Mit Petra kann man schon sehr vernünftig reden, sie beschützt Sabine auch, wenn ich mal weggehen muß, denn allein lassen kann man sie ja trotz ihrer zwölf Jahre auf keinen Fall. Sie ist auch so vertrauensselig, sie würde jedem Fremden die Tür aufmachen. Aber ich habe oft auch Sorge, daß ich Petra überfordere. Sie hat doch viel mehr Pflichten durch Sabine als eine andere Vierzehnjährige. Und Thomas geht schon seine eigenen Wege, er hat sich da immer eher herausgehalten. Als er in der Pubertät war, hat er sich oft wegen Sabine geschämt, wenn sie sich auffällig benommen hat. Vor allem, wenn sie fremde Leute im Geschäft einfach angeredet oder gar abgeleckt hat, das war ihm entsetzlich peinlich. Am schwierigsten ist es im Grunde für Ralf. Er ist ja eigentlich Sabines kleiner Bruder, aber er blickt einfach mehr durch, ihn kann ich schon mal eine Stunde allein lassen oder eben zum Einkaufen schicken. Er kann auch schon längst allein zur Schule gehen, aber Sabine müssen wir bringen und abholen, sie ist einfach nicht verkehrssicher. Da bockt Ralf oft, wenn wir von ihm verlangen, daß er Sachen allein macht, bei denen wir Sabine noch helfen müssen. Manchmal spielt er richtig Baby, wenn er sich vernachlässigt fühlt."

„Wir haben uns einfach nicht mehr getraut, noch ein Kind zu bekommen", sagte Pauls Mutter traurig. „Mit Paul war es so entsetzlich anstrengend, ich hatte so oft das Gefühl, daß ich es gar nicht mehr packe. Und wenn wir bei den anderen Familien sehen, wie die kleinen Geschwister oft zu kämpfen haben, dann bleiben wir lieber bei unserem Einzelkind."

„Das kann ich verstehen. Ich habe glücklicherweise noch die Oma, die hilft mir sehr. Sie nimmt auch jedes Jahr Sabine eine Woche zu sich und dann machen wir mit Petra und Ralf eine Woche Urlaub, wo die beiden mal richtig im Mittelpunkt stehen. Das genießen wir alle."

Damit hat es Sabines Familie gut, ohne Hilfe von außen ist es mit einem autistischen Kind besonders schwer, ein einigermaßen normales Leben zu führen. Sabine geht schon in die fünfte Klasse, von der Sprachheilschule ist sie in die Hauptschule übergewechselt. Das sieht toll aus, für die meisten Eltern ist es ein unerfüllbarer Wunschtraum, daß das autistische Kind in eine normale Schule geht. Wie geht es Sabine und ihrer Familie damit? Hören wir noch ein bißchen in das Müttergespräch hinein: „Als Sabine nach der vierten Klasse aus der Sprachheilschule mußte, weil die eben nur vier Klassen hatten, ist es uns ganz schön mulmig zumute gewesen. Von 14 Kindern in der Klasse auf einmal eine Steigerung auf 26 Kinder, das hat Sabine am Anfang fast nicht verkraftet. Ich mußte ihr den ganzen Stoff am Nachmittag noch mal erklären, weil sie in der Schule so aufgeregt war, daß sie fast nichts mitgekriegt hat. Die Lehrerin war sehr nett, Sabine durfte dann in der ersten Bank allein sitzen und war dadurch nicht mehr so abgelenkt. In den Pausen hat sie sich auch total zurückgezogen, das Gewühle auf dem Schulhof hat sie einfach nicht vertragen."

„Ja, auf den Lehrer kommt es entscheidend an, mein Paul hat da auch großes Glück gehabt, er darf vieles extra machen, was die anderen Kinder einfach nicht können, vor allem wird das Schreiben weiter geübt, das ist mir so wichtig. Die Klasse war im Herbst zum erstenmal im Schullandheim und da habe ich doch tatsächlich eine Ansichtskarte von meinem Sohn bekommen. So etwas hätte ich mir in den ersten Jahren gar nicht träumen lassen."

Da hat Pauls Mutter recht. Viele Menschen denken, für ein geistig behindertes Kind wäre Schreiben und Lesen gar nicht so wichtig. Aber es ist oft ausschlaggebend dafür, ob man das Kind mit ruhigem Herzen losfahren lassen kann, weil es z. B. doch Straßenschilder entziffern kann, falls es sich verläuft. Wenn ein Mensch eine kurze Nachricht aufschreiben kann, hat er einfach viel mehr Freiheit im Leben, weil ihn auch die anderen viel eher ernst nehmen. Freilich ist es mit den „Kulturtechniken" allein auch nicht getan. Wir werden ja von unseren Mitmenschen zuerst einmal nach unserem Benehmen beurteilt. Und da kann ein Kind noch so gescheit sein, wenn es sich „danebenbenimmt", wird es sehr schnell abgelehnt.

Deshalb hat auch Sabines Mutter noch einmal mit ihr ein Verhaltenstherapieprogramm durchgezogen, trotz der Anstrengungen, die das für Sabine und die ganze Familie bedeutete. „In der Hauptschule war es zuerst ganz schlimm. Die Kinder in der Klasse kannten Sabine ja nicht, sie waren schon einmal verdutzt, daß sie doch ein wenig seltsam spricht. So ganz flüssig kann sie doch nicht reden und wenn sie sich aufregt, piepst sie noch immer in hohen Tönen. Aber die größten Probleme hatten wir wegen Sabines Eßmanieren. Zuhause haben wir immer gesagt, sie kann es halt noch nicht besser und andere Dinge sind wichtiger. Aber als sie plötzlich weinend von der Schule nach Hause kam, weil sie sich in der Pause wieder verkleckert hatte und von allen ausgelacht wurde, da mußten wir einfach etwas unternehmen. So sind wir wieder zu unserer Psychologin gegangen und haben uns beraten lassen. Zuerst mußten wir Sabine wieder genau beobachten. Da ist es uns dann aufgefallen, daß sie immer nur mit einer Hand gegessen hat, sie hat immer das Messer wieder hingelegt und die Gabel in die rechte Hand genommen. Erstmal mußten wir mit ihr üben, daß sie beide Hände gleichzeitig benutzen konnte. Als das einigermaßen klappte, haben wir darauf geachtet, daß sie gelernt hat, kleine Stücke mit dem Messer vom Schnitzel abzuschneiden, das war vielleicht schwierig. Aber sie hatte bis dahin immer nur ein paar große Brocken abgeschnitten und dann die Portionen mit den Zähnen abgerissen. Das gab natürlich immer ein Mordsgekleckere. Erst haben wir nur verlangt, daß sie ein Viertel von der Mahlzeit „ordentlich" gegessen hat, allmählich ist es aber immer leichter geworden. Dann konnte sie auch in der Schule das Pausenbrot in der rechten Hand halten und den Saft in der linken und sie war trotzdem sauber! Jetzt haben Sie ja gesehen, wie stolz sie ist, daß sie ihren Geburtstagskuchen so fein essen konnte. Da hat sich die Mühe doch gelohnt!"

Gerhard zählt

„Gerhard kann bisher nur wenige Worte sprechen. Er singt aber alle Lieder nach. Er kann bis Hundert zählen, spricht oft die Zahlenfolge rückwärts mit großer Geschwindigkeit vor sich hin." Das stand in Gerhards Halbjahreszeugnis der ersten Klasse. Gerhard ist tatsächlich zum Schulkind geworden. Er braucht noch besondere Bedingungen – die wird er sein Leben lang brauchen. Aber mit Hilfe kann er sich jetzt schon in einer Klassengemeinschaft behaupten. Er ist in die Klinikschule aufgerückt, so hat er im ersten Jahr noch den Schonraum, auf den er angewiesen ist. Die Lehrerin ist verständnisvoll, sie fühlt sich nicht persönlich angegriffen, wenn Gerhard die Mitarbeit verweigert. Das kommt noch oft vor, Gerhard ist auf die Zahlen fixiert und zwar auf ganz bestimmte Zahlen. Die Sieben zum Beispiel mag er nicht aussprechen, denn er ist ja selbst gerade sieben Jahre alt geworden. Auch die Fünf ist eine besondere Zahl, sie ist seine große Verlockung. Wenn die Lehrerin ihm fünf Aufgaben gibt, dann ist er eher zur Arbeit bereit. Wenn die Mutter ihm fünf Kekse auf den Tisch legt, futtert er die mit strahlendem Gesicht auf. Sechs

Kekse oder vier kann er noch immer im plötzlichen Jähzorn auf den Boden fegen. Er hat aber auch im Verhalten tolle Fortschritte gemacht, so konzentriert, wie er jetzt an seiner Arbeit sitzt. In den Pausen setzt er sich gerne vor das große Aquarium, das im Klassenzimmer steht und beruhigt sich, wenn er die Fische bei ihrem lautlosen Tanz im Wasser beobachten kann. Lärm ist ihm ein Greuel, welch ein Glück, daß er auch in der Schule erst mal diese kleine Klasse hat, acht Kinder sind die oberste Grenze dessen, was er an „Unordnung" aushält. Die Buchstaben kennt Gerhard offensichtlich, bisher hat er es aber nicht geschafft, einen Buchstaben zu schreiben. Der Stift will ihm nicht gehorchen, er rutscht ihm immer wieder aus den Händen, bestenfalls schafft er wilde Krakel auf dem Papier. Das treibt ihn oft in Wutanfälle, er ist dann kaum zu beruhigen und tritt und beißt auch die Lehrerin.

Zu Hause beobachtet er eines Tages, wie die Mutter auf der Schreibmaschine schreibt. Er schaut fasziniert zu, wie die Typenhebel auf das Papier schlagen und da wie von Zauberhand die Buchstaben erscheinen und sich zu Wörtern zusammenfügen. Entschlossen schiebt er die Mutter ein wenig beiseite und setzt sich auf ihren Schoß. Er macht das ganz geschickt, schiebt sich von rückwärts an sie heran und hopp, so sitzt er da. Die Mutter hat eine Idee. „Gerhard, ich weiß ja, daß du die Buchstaben kennst, soll ich dir zeigen, wie man mit der Schreibmaschine schreibt?" fragt sie ihn. Gerhard kann noch nicht antworten, so schwierige Abkürzungen wie das Wort „ja" stehen ihm noch lange nicht zur Verfügung. Aber er ergreift die Hand der Mutter und drückt sie fest auf die Tasten. Schade – nur ein Gewirr von Buchstaben ist das Ergebnis. Enttäuscht will er anfan-

gen, zu weinen. „Sollen wir mal Deinen Namen schreiben", schlägt ihm die Mutter vor. Als Antwort packt
Gerhard wieder ihre Hand und zieht sie zur Schreibmaschine hin. Da nimmt die Mutter ihren Zeigefinger und
tippt ganz deutlich und langsam die Tasten an – *Gerhard* erscheint auf dem Blatt. „So", sagt die Mutter,
„jetzt machen wir das mit deinem Finger". Und sie
nimmt Gerhards Zeigefinger und tippt mit ihm auf die
Tasten: *Gerhard* steht wieder auf dem Papier. Gerhard
hüpft vor Begeisterung auf den Boden und fängt an, mit
seinen Händen zu wedeln. Das ist sein Zeichen dafür,
daß er sich von Herzen freut. Nach ein paar Runden im
Zimmer herum setzt er sich energisch wieder auf den
Schoß der Mutter und packt ihre Hand. Nun ist ihr
schon klar, daß er noch einmal schreiben will. Doch
wie kann sie sein Interesse am besten erhalten? Er kann
ihr ja nicht sagen, was er schreiben möchte. Da macht
sie ihm einen Vorschlag: „Gerhard, sollen wir die Namen von den Leuten schreiben, die du kennst?" Gerhard
drückt ungeduldig ihre Hand auf die Tasten, da ist sie sicher, daß er einverstanden ist. *Anna* tippt sie und *Erich*
und *Benjamin* und *Richard* und *Frau Dreißig*. Dann
nimmt sie wieder Gerhards Finger und tippt mit ihm
langsam auf die Tasten. Am Anfang liegt seine Hand
ganz schlaff in ihrer Hand, allmählich ist er nicht mehr
so passiv, sie fühlt, wie er selbst seine Hand mitbewegt.
Ganz ruhig und konzentriert ist er dabei, er strahlt über
sein ganzes Gesicht.

Frau Dreißig ist ganz aufgeregt, als Gerhards Mutter
am nächsten Morgen bei Schulbeginn vom Experiment
mit der Schreibmaschine erzählt. „Eine Schreibmaschine
werden wir hier wohl auch noch auftreiben", meint sie
energisch. „Wenn wir so einen Weg gefunden haben, wie

Gerhard sich mit uns verständigen kann, dann müssen wir das auch ausnützen."

Tatsächlich, erst muß auch die Lehrerin Gerhard die Hand führen. Er lernt, kleine Texte vom Blatt abzuschreiben, zum Beispiel seine Lieblingslieder, erst mit fester Führung für seinen schlaffen kleinen Zeigefinger, dann nur noch mit einer leichten Unterstützung, bis er immer sicherer allein schreiben kann. Am Ende des Jahres ist es dann so weit: – Gerhard kann allein kleine Sätze schreiben. Auch zu Hause steht die Schreibmaschine immer bereit, und Gerhard lernt, auf die Fragen der Mutter zu antworten. So kann er sich endlich selbst auswählen, welches Spiel er will und ob er lieber Milch oder Saft zum Abendessen trinkt. Ermutigt durch Gerhards Eifer gibt ihm die Lehrerin immer öfter auch einen Stift in die Hand und führt ihm die Hand zum Schreiben. Die geliebten Zahlen beherrscht Gerhard als erstes, und im Jahreszeugnis kann Frau Dreißig anerkennend schreiben: „Gerhard beherrscht die Zahlen bis 100 sicher und ist im Rechnen seinen Mitschülern weit voraus".

Auch die Sprache hat sich Gerhard in diesem Jahr erobert. Seine Stimme ist noch immer sehr leise, vorsichtig scheint er die Wörter aus sich herauszulassen, mit großen Pausen in den Sätzen. Aber er spricht, das zählt!

Im zweiten Schuljahr ist die Schonzeit erst mal vorbei, Gerhard kommt in die zweite Klasse seiner zuständigen Grundschule. Glücklicherweise ist seine neue Lehrerin verständnisvoll und bespricht sich bei allen Schwierigkeiten mit Frau Dreißig. Schwierigkeiten gibt es natürlich in rauhen Mengen, denn die neue Klasse ist mit 22 Schülern für Gerhard zunächst das reine Chaos. Er verweigert zunächst die Mitarbeit, kann nicht mehr stillsitzen und schreit zornig, wenn die Lehrerin in seinen Heften etwas zu korrigieren wagt. Aber mit viel Ermutigung schafft er es dann doch, sich in die Klasse einzufügen. Die Mutter hat jeden Nachmittag alle Hände voll zu tun, um Gerhard den Schulstoff in Ruhe zu erklären, in der Schule kann er sich am Anfang so wenig konzentrieren wie Sabine.

Aber gemeinsam schaffen sie es, und so geht es mit Gerhards Leistungen ständig aufwärts. In der sechsten Klasse verkraftet er sogar einen Schulwechsel, Gerhard kommt ins Gymnasium, die Mutter hatte ein Privatgymnasium gefunden, wo die unbedingt nötigen kleinen Klassen seinem Bedürfnis nach Überschaubarkeit Rechnung tragen. So eine schwache Hoffnung hatte sie auch dabei: Vielleicht wird Gerhard hier einen Freund finden! Zu ihrem großen Kummer hat er zwar gelernt, in der Schule „unauffällig" mitzumachen, aber er ist in der Klasse isoliert und wird von den Klassenkameraden nicht ernst genommen. „Da kommt der Spinner", rufen sie, wenn Gerhard in der Pause seine Kreise dreht und dabei mit seinen Händen wedelt.

Können die Mitschüler im Gymnasium toleranter sein? Ein bißchen vielleicht, sie bewundern Gerhards gute Leistungen in Mathe und Erdkunde, aber für eine Freundschaft reicht das nicht. Die Mutter kann es ja verstehen, denn im Gespräch muß man Gerhard noch immer weit entgegenkommen. Wenn ihn ein Thema interessiert, hält er einen langen Monolog, und selbst sie schafft es kaum, ihn zu unterbrechen. Für Eisenbahnen interessiert er sich, die Streckennetze der U-Bahnen in den Nachbarstädten kennt er auswendig, ein Computer könnte vor Neid erblassen, wie zuverlässig Gerhards Gedächtnis da funktioniert. Aber für Fußball interessiert sich Gerhard kein bißchen, so ein Mannschafts-spiel ist für ihn das reine Chaos. Für Filmstars, für Schlagersänger, für Mode und gar für Mädchen hat er nichts übrig. Verständnislos fragt er ganz sachlich, was daran denn interessant sein soll. So schafft er es auch nicht, mit seinen Mitschülern in einen Kontakt zu kommen, der über die Schule hinausgeht, er wird als Sonderling gerade eben geduldet.

Die Mutter ist traurig darüber, denn Gerhard ist auf diese Weise noch immer wie ein Kleinkind von ihr abhängig. Für die Frage, welche Schuhe zu welchem Wetter passen, reicht auch Gerhards Intelligenz nicht aus, er versucht, genaue Regeln aufzustellen und zu erlernen, welche Gelegenheiten, welches Wetter und welche Kleidungsstücke zueinandergehören. Wenn dann das Wetter nicht genauso ausfällt, wie er es im Wetterbericht gehört hat, kann Gerhard noch immer ausflippen. Wütend schimpft er darüber, daß doch draußen fünfzehn Grad sein müßten und nicht die dreizehn, die seine Wetterstation anzeigt. In einem Ratgeber hat er gelesen, daß man in Deutschland Gespräche gut mit einer Bemerkung über das Wetter eröffnen kann. Er möchte ja so gern mit anderen Menschen ins Gespräch kommen und so beginnt eine Phase, in der er jeden Morgen genau nach dem Wetter sieht und dann seinen Mitschülern in der Frühe erst mal mit einem detaillierten Monolog über Temperatur, Luftdruck und Bewölkung auf die Nerven geht. Fluchtartig verlassen sie oft in der Pause das Klassenzimmer, wenn Gerhard zu sprechen beginnt. Dabei ist seine Aussprache inzwischen gut, er spricht deutlich, flüssig, hat gelernt, eine Satzmelodie einzuhalten, nur bei großer Anstrengung hört man, daß er sich noch immer konzentrieren und anstrengen muß.

So bleibt er ein Einzelgänger, ein „Stubenhocker", der sich vor allem mit seinen Sammlungen von Fahrplänen, von Eisenbahnliteratur und von Briefmarken beschäftigt. Eines ist ihm noch sehr wichtig, das ist die Musik. Da ist Gerhard anspruchsvoll, er hat das absolute Gehör und zuckt beim leisesten Patzer eines Geigers zusammen. Bei Musik kann er sich entspannen, da wird er gelöst und zufrieden. Er singt auch sehr gern, ganze Nachmittage kann er damit verbringen, zu seinen Musikkassetten zu singen. Diese Gabe ist ihm glücklicherweise aus seiner sonst so schwierigen Kleinkinderzeit erhalten geblieben.

Martin und die Seelenpflege

Martin lebt nun schon das fünfte Jahr in einer anthroposophischen Gemeinschaft für seelenpflegebedürftige Kinder. Auch seine Geburtstage werden gefeiert, auch er bekommt einen Geburtstagskuchen, seine „Heimfamilie" singt ihm ein Lied, er bekommt Geschenke – allerdings unter besonderen Gesichtspunkten ausgewählt. In einer anthroposophischen Gemeinschaft darf nichts aus Plastik sein, dürfen keine „Maschinen" wie Kassettenrecorder benutzt werden. Auch seine Eltern und sein Bruder dürfen nicht zu seinem Geburtstag kommen, Besuche sind nicht erlaubt. Das ist hart und macht ihnen viel Kummer. Sie fühlen sich oft richtig ausgestoßen; auch wenn sie Martin nach den Ferien wieder ins Heim zurückbringen, dürfen sie das Haus nicht betreten, die Sehnsucht, die Gedanken an ihren Sohn gehen ein Stück ins Leere.

Es ist ja nichts besonderes, daß Eltern und Pflegeeltern eines Kindes in Konkurrenz geraten, bei Martin ist es leider besonders schlimm. In den Ferien müssen seine Eltern ihn nach Hause holen, ganz gleich, ob die Mutter vielleicht gerade krank ist oder der Bruder vor Eifersucht tobt. Danach müssen die Eltern fast so tun, als ob sie nicht existierten. Wenn sie fragen, wie es Martin geht, dann heißt es immer „es geht ihm gut", weitere Fragen werden nicht beantwortet. Manchmal erfahren die Eltern etwas mehr, denn einige Kinder aus Martins Gruppe können sprechen. Die erzählen dann vielleicht, daß Martin bei der Vorbereitung für das Osterfest auch dieses Jahr wieder die ausgeblasenen Eier zerbrochen hat (kein Wunder bei einem Kind mit einer so gestörten Feinmotorik), oder daß Martin auch dieses Jahr wieder die Triangel beim Herbstfest geschlagen hat. In dieser Gemeinschaft gibt es sehr feste Rituale, das soll den Kindern helfen, allmählich die Abläufe des Jahres wiederzuerkennen.

Auch in der Schule läuft alles nach einem sehr festen Plan ab. Die Kinder sitzen in Grüppchen beieinander, Martin hat einen Extratisch bekommen. Der Lehrer hat gemerkt, daß er es nicht ertragen kann, so dicht bei den anderen zu sitzen. Die Mutter weiß das, selbst durfte sie Martins Klassenzimmer nicht betreten, aber ein anderes Kind hat es ihr erzählt. Nach langem Fragen bekommt sie doch eine besondere Gnade zugestanden: Sie darf in einer anderen Klasse einmal zuschauen, wie es im Unterricht zugeht. So hat sie wenigstens eine kleine Vorstellung, wenn sie von zu Hause ihre Gedanken zu Martin schickt. Auch in ihrer „Besuchsklasse" ist ein autistischer Bub, auch so unruhig wie Martin, auch er spricht nicht, höchstens gelegentlich ein Wort. Viel anfangen kann er damit nicht, aber er freut sich offenbar am schönen Klang. Die Klasse nimmt „Das Dorf" durch. In einer großen Wanne ist Sand vorbereitet, die Kinder dürfen Häuschen aufstellen, Bäume und Büsche „pflanzen", Tiere hinzufügen. Am Schluß führt der Lehrer den autistischen Jungen hin und läßt ihn eine hübsche Holzkirche im Dorf aufstellen.

Martins Mutter kann nicht erkennen, ob der Junge im Unterricht etwas mitbekommen hat, er scheint kaum auf das Geschehen in der Klasse zu achten, springt immer wieder auf und läuft im Kreis um die anderen herum, schüttelt dabei seine Hände und hüpft auf einen Stuhl und wieder herunter.

Er könnte ein Zwillingsbruder von Martin sein, wie er so durch die Klasse läuft, dabei und doch nicht richtig dabei, wie es immer wieder das Problem der autistischen Kinder ist. Eine Extraförderung bekommt keines der Kinder, das Wichtigste ist seinen Lehrern und Betreuern ja das Gemüt, die Seelenpflege, nicht der Verstand. Sie sollen sich alle auf die Gemeinschaft konzentrieren, und es ist einer der Glaubenssätze der Anthroposophen, daß sich schon jedes Kind das holen wird, was es braucht und daß man ihm nichts aufdrängen darf. Martins Mutter fragt sich oft, ob das wohl wirklich so gut ist. Sie hat inzwischen schon die Erfahrung aller Menschen gemacht, die mit autistischen Kindern umgehen: Man weiß aus ihrem Verhalten einfach nicht, was sie aufgenommen haben, was bei ihnen angekommen ist. Sie weiß aber auch, daß sie keine andere Wahl hat, Diskussionen über solche Grundsätze sind nicht erlaubt. Wenn sie nicht zufrieden oder gar überzeugt ist, dann soll sie ihr Kind eben wieder mit nach Hause nehmen.

Daß sie das nicht kann, das weiß sie. Sie ist doch jedesmal nach den Ferien erschöpft und muß den verstörten und eifersüchtigen Christian wieder zur Ruhe bringen. Martin hat in der Heimfamilie schon eine Reihe von Betreuern „verschlissen", er ist so unruhig, daß sie selbst kaum zum Schlafen kommt, wenn er Zuhause ist. Dabei wachsen seine körperlichen Kräfte sichtbar und fühlbar, ungebremst von geistigen Steuerungsmöglichkeiten. Wenn Martin einen Wutanfall hat, kann er ohne weiteres ein Waschbecken aus der Wand reißen oder einen Stuhl zertrümmern. Er ist schnell gewachsen, ein hübscher Junge mit feinen blonden Haaren und eher schmal, langaufgeschossen. Er sieht oft so „normal" aus, daß die Eltern seine Behinderung einen Augenblick vergessen. Wenn er bei ihnen zu Hause ist, schaukelt er oft stundenlang in seinem Zimmer, wirkt zufrieden und ausgeglichen. Er blättert in seinen Bilderbüchern, auch die Schulbücher von Christian gefallen ihm offensichtlich. So oft er sie bekommen kann, schnappt er sich die Bücher des kleinen Bruders. Wenn er sie nicht hergeben will, fliegen buchstäblich die Fetzen – so schnell wie Martin dann selbst dicke Bücher zerreißen kann, kann man sich gar nicht vorstellen. Das gibt viel Kummer, denn Christian muß lernen, seine Bücher wegzuschließen, wenn Ferien sind. Er muß überhaupt lernen, in zwei Welten zu leben. Wenn Martin Zuhause ist, muß er vorsichtig sein, der große Bruder kann so plötzlich ausrasten, oft ist es auch den Eltern nicht klar, was ihn so in Panik versetzt hat. Dann schreit Martin in schrillen Tönen, er schlägt auf die anderen ein oder, schlimmer noch für die Familie zu ertragen: er schlägt seinen eigenen Kopf mit voller Wucht an die Wand. Kaum daß er sich dann beruhigen läßt, die Mutter muß allein mit ihm im Zimmer sein, muß ihn ganz fest auf dem Schoß halten und an sich drücken. Sie weiß, daß Martin oft ganz voll blauer Flecke ist, er merkt ja offensichtlich auch nicht, wenn er beim Laufen irgendwo anstößt. Dabei stößt er sehr oft an, wenn er rastlos durch die Wohnung läuft, immer noch auf Zehenspitzen. Am Anfang hat sie vorwurfsvolle Fragen ertragen müssen, wenn sie Martin mit blauen Flecken ins Heim zurückbringen mußte. Auch der Kinderarzt hat ihr ja erst geglaubt, daß Martin sich selbst so verletzt, als der Kleine ihm die Praxis „zerlegt" hat bei einem Versuch, ihn abzuhören. Dann hat er verlegen etwas von „taktile Überempfindlichkeit" gemurmelt und war froh, als dieses schwierige Kind endlich wieder draußen war.

Autoaggression – Verletzung und Gewalt gegen sich selbst gerichtet, bringt die Menschen, die mit autistischen Kindern leben und arbeiten am ehesten an die Grenzen ihrer Nervenkraft. Wir wissen bis heute nicht, warum viele autistische Menschen sich selbst verletzen, oft ohne ersichtlichen oder für uns einfühlbaren Auslöser. Wir wissen nicht, ob sie tatsächlich so schmerzunempfindlich sind, daß sie einfach „anders" fühlen als wir. Wir wissen, daß dieses rätselhafte und beunruhigende Verhalten bei vielen autistischen Kindern zumindest in Phasen der Entwicklung auftritt. Für die betroffenen Familien ist das allenfalls ein kleiner Trost. Manchen Kindern kann man mit Medikamenten helfen, aus solchen schlimmen Erregungszuständen herauszukommen. Als Martin ein Schulkind war, konnte er eine solche Hilfe nicht bekommen. Die Ärzte wußten vor 15 Jahren noch viel weniger über solche Behandlungsmöglichkeiten, aber auch die Ideologie versperrte der Familie diesen Weg. „Sie dürfen Martin doch nicht mit der chemischen Keule ruhigstellen", war noch die mildeste Antwort, als sie im Heim nachfragten. Dabei war er dort auch alles andere als friedlich, für die auf stete Harmonie bedachten Heimbetreuer eine arge Herausforderung. Hat sich denn mit den Jahren auch etwas zum Positiven verändert? Wir neigen so oft dazu, uns nur auf die Schwierigkeiten zu konzentrieren. Das ist schade, es verstellt den Blick für die Fortschritte. Und die hat auch Martin durchaus gemacht. Beim sechsjährigen hieß es noch: „In der Nähe der Erwachsenen hüpfte er auf der Stelle, trat mit den Füßen um sich, zog an den Haaren oder kniff. Wenn etwas nicht nach Martins Willen ging, so bemühte er sich gar nicht erst, das mit Worten zum Ausdruck zu bringen, sondern durch Schreien, Schlagen, Treten. Auch nachts wurde er immer wieder wach, wurde laut und sprang im Zimmer umher."

Das ist so sehr typisch für autistische Kinder. Da, wo taube Kinder wenigstens deuten oder sonst mit Mimik und Gestik die Verständigung suchen und oft auch erreichen, sind den autistischen Kindern diese Auswege verschlossen. Aber auch Martin machte im Lauf der Jahre Fortschritte, ich lasse Sie vier Jahre später wieder in sein Zeugnis schauen: „Martin war in letzter Zeit weniger oft frustriert und konnte auch laute Ausbrüche anderer Kinder leichter verkraften. Bei Unsicherheiten suchte er Schutz und Hilfe bei der Lehrerin. Das Malen mit Wasserfarben wurde in diesem Schuljahr besonders geübt. Martin kann zwar nur wenige Pinselstriche allein ausführen, akzeptierte jedoch die Hilfe und rannte seltener von der Arbeit weg. Die Wasser- und Farbtöpfe üben noch große Faszination auf ihn aus, am liebsten würde er sie austrinken." – Er tut es aber nicht, man muß ihn auch nicht mehr mit Gewalt daran hindern, das Leben ist für Martin wie für seine Mitmenschen leichter geworden.

Gewohnheiten – Stereotypien – Zwänge

Allgemein betrachtet haben Gewohnheiten, die immer wiederkehren und bis hin zu Zwängen ausgebildet sein können, eine ordnende und beruhigende Funktion. Sie können als ein Versuch gesehen werden, Erregung, Aufregung, Konfusion und Intensität von Gefühlen zu regulieren. Gewohnheiten sind energie- und zeitsparend. Sie entheben uns der Notwendigkeit, in jeder Situation bewußt nachzudenken und Entscheidungen zu fällen. Ein Teil unserer alltäglichen Aktivitäten wird dadurch strukturiert. Es gibt Gewohnheiten, die nützlich und funktional sind, aber auch solche, die schädlich oder störend sind: Wir alle kennen „gute" und „schlechte" Gewohnheiten.

Verhaltensweisen können aber auch zu Zwängen werden, die in ihrer Intensität und Dauer nicht mehr nachvollziehbar und nützlich sind. Es gibt z. B. vernünftige Gründe, warum man kontrolliert, ob die Autotür abgeschlossen ist. Wenn aber einmaliges oder zweimaliges Nachschauen nicht genügt und immer wieder kontrolliert werden muß, wird das Kontrollieren zum Zwang, der sich nur mit Mühe unterbrechen läßt. Für einen Menschen mit Kontrollzwang kann dieser Zustand sehr quälend werden, da ihm die Unsinnigkeit seines Verhaltens klar ist, er aber trotzdem seinen Zwang nicht unterlassen kann. Zwänge nehmen unangemessen viel Zeit in Anspruch, bis zu mehreren Stunden am Tag. Sie können sehr vielfältig sein und sich in Handlungen, Gedanken und Vorstellungen auswirken.

„Stereotypien", d. h. sich wiederholendes Verhalten, nennt man die Gewohnheiten und Zwänge autistischer Kinder und Erwachsener. Viele Autoren sprechen dabei auch von selbststimulierendem Verhalten. Wenn keine andere Beschäftigung zur Unterbrechung zwingt, treten Stereotypien auf. Ein Kind kann z. B. Stunden damit verbringen, seinen Körper rhythmisch hin und her zu bewegen, ein anderes Kind kann stundenlang einen Faden zwirbeln oder ein anderes Kind wedelt mit seiner Hand am Rande seines Blickfeldes oder erzeugt stereotype Laute. Ein weiteres Kind mag die Gewohnheit oder Stereotypie haben, alle Gegenstände, die es in die Hand nimmt, zum Mund oder zur Nase zu führen. Ein anderes Kind besteht auf immer gleichen Ritualen und Vorgehensweisen beim Waschen, Essen, Einkaufen, auf dem Schulweg – so wie es bei Sabine, Paul, Martin und Gerhard beschrieben wird. Beobachtungen sprechen dafür, daß diese wiederkehrenden Verhaltensweisen nur wenig Energie erfordern, von hohem inneren Gewinn sind und sich nur schwer unterbrechen lassen.

Letztlich wissen wir nicht, warum Autisten solche Stereotypien ausführen. Es gibt nur Vermutungen und mehr oder weniger plausible „Erklärungen". So wurde z. B. angenommen, daß Stereotypien dazu dienen könnten, ein erhöhtes inneres Erregungsniveau zu verringern und Außenreize abzublocken. Gegenteilig dazu ist die Ansicht, wonach Stereotypien eine mangelnde innere Aktivierung in Gang setzen und auf diese Weise zur Regulierung des Organismus beitragen. Es hat sich als schwierig erwiesen, diese Hypothesen wissenschaftlich abzusichern, so daß alle Überlegungen dazu noch spekulativ sind. Was wir allerdings aus systematischen Untersuchungen wissen (Koegel et al., 1972), ist die Tatsache, daß Stereotypien dann nicht ausgeführt werden, wenn neue Verhaltensweisen gelernt werden, d. h. wenn es gelingt, die Aufmerksamkeit eines autistischen Kindes zu gewinnen und Verhalten zu belohnen, das mit Stereotypien nicht vereinbar ist. Dabei muß allerdings die „Belohnung" attraktiver sein als die anscheinend sehr befriedigenden Stereotypien.

Stereotypien müssen also „ersetzt" werden durch anderes Verhalten. Sie ohne ein interessantes alternatives Verhaltensangebot zu unterbrechen, bringt für den Autisten Irritation, Aufregung bis hin zu dramatischen Erregungsausbrüchen wie sie bei Gerhard beschrieben werden. Ein Kind macht dann den Eindruck, überaus wütend und aggressiv zu sein. Drei Viertel aller Autisten können dies nicht verbalisieren. Sprechende Autisten dagegen bestätigen diese Zustände von Irritation und Wut, wenn sie bei angenehmen Tätigkeiten unterbrochen werden.

Das Bestehen auf Gleichförmigkeit und Vorhersagbarkeit, das wir bei Autisten beobachten, erleichtert und vereinfacht unserer Ansicht nach die Strukturierung einer Situation und die Verarbeitung von Wahrnehmungen, die Erregung auslösen. Eine Situation wiederzuerkennen macht diese vertraut („angenehm"). Vertrautes zu erleben, löst keine starke Erregung aus. Mit Gewohnheiten, Stereotypien und Zwängen können also Erregungen vermieden werden, die nur schwer zu regulieren („unangenehm") wären. Mit anderen Worten: Gleichförmigkeit und Vorhersagbarkeit erfordern weniger Aufwand an innerer Energie.

Hier stoßen wir auf die Schwierigkeiten der Motivation und Motivierbarkeit von autistischen Menschen. Ihr spontanes Interesse an Interaktionen mit der Um-

welt ist sehr eingeschränkt. Sie scheinen es vorzuzie-
hen, für sich zu sein, so wie es in dem Kapitel „Sabine
träumt" beschrieben wird. Es wurde in der Vergangen-
heit vermutet, daß dieses Motivationsdefizit möglicher-
weise physiologisch zu erklären ist, etwa durch Störun-
gen jenes Teils des Gehirns, der für die Aktivierung von
Aufmerksamkeitsprozessen mitverantwortlich ist (Rim-
land, 1964). Die autistischen Verhaltensweisen wurden
darauf zurückgeführt. Heute nehmen wir an, daß der
Rückzug, die Isolierung, die Kontaktvermeidung auti-
stischer Menschen vor allem eine Folge von Mängeln in
ihrer Wahrnehmungsverabeitung ist.

Koegel R. L. and Covert, A. (1972). The realtionship of self-
  stimulation to learning in autistic children. Journal of
  Applied Behavior Analysis, 5, 381–387.
Rimland, B. (1964). Infantile Autism. Appleton Century
  Crofts, New York.

Ängste – Vermeidung

Angst kann in Situationen entstehen, in denen wir keine klare Wahrnehmung haben, etwas nicht verstehen, nicht wissen, was wir tun sollen oder Veränderungen ohne unser Zutun eintreten. Unstrukturiertheit und Unklarheit kann Angst erzeugen. Wir erleben dann die physiologische Erregung in einer bestimmten Situation als „Angst". Erst wenn wir den Kontext unserer Erregung, d. h. die auslösende Situation, als „bedrohlich" verstanden, sie also verarbeitet und interpretiert und uns so eine Beurteilung der „Gefährlichkeit" der Situation gebildet haben, nennen wir unsere Erregung „Angst". Zur physiologischen Reaktion (Erregung) auf bestimmte Wahrnehmungen kommen also kognitive oder Lernprozesse hinzu, welche die Interpretation einer Situation ausmachen, ihre „Bedeutung" klären, bevor wir eine bestimmte Emotion, z. B. Angst oder Freude feststellen.

Wir kennen alle die deutliche Neigung, angstmachende Situationen zu vermeiden. Bei autistischen Menschen beobachten wir häufig Reaktionen, die unseren Reaktionen in ähnlichen Situationen entsprechen würden. Wir können sie darin verstehen. Die Angst eines Autisten vor unvertrauten Situationen, ebenso wie die Vermeidung von ungewollten Veränderungen, ist für uns bis zu einem gewissen Grad nachvollziehbar.

Viele Angst- und Vermeidungsreaktionen von Autisten sind jedoch für uns nicht nachempfindbar. Die Panikreaktionen bei bestimmten Geräuschen, die Erregung bei bestimmten Farben, die Vermeidung von bestimmten Anordnungen von Gegenständen, etc. Wir können in solchen Situationen nichts Angstmachendes erkennen und keinen Anlaß finden, ihnen aus dem Weg zu gehen. Sie erscheinen uns harmlos und wir können die Intensität der Reaktionen eines Autisten nicht verstehen. Andererseits ist uns das Fehlen von Angst- und Vermeidungsreaktionen autistischer Menschen in Situationen, die wir für gefährlich und bedrohlich halten (Straßenverkehr, heiße Gegenstände, usw.), auch nicht nachvollziehbar.

Wahrnehmung und Wahrnehmungsverarbeitung

Wir denken selten daran, daß sich unsere Wahrnehmung nie ganz mit der Wahrnehmung einer anderen
Person deckt. Wir können uns aber normalerweise darüber austauschen, um zu einer ausreichenden Übereinstimmung der Interpretationen der unterschiedlichen
Wahrnehmungen zu kommen. Im Bereich der dingli-
chen Welt gehen wir sogar, ohne darüber zu kommuni-
zieren, davon aus, daß wir alle etwa gleiche Wahrnehmungen machen und mehr oder weniger ähnliche oder
verstehbare Reaktionen daraus resultieren.

In der Welt sozialer Beziehungen ist es jedoch kom-
plizierter. Hier gilt es nicht, „objektive" Sachverhalte
festzustellen, sondern die eigene Subjektivität wahrzu-
nehmen und die einer anderen Person zu erfassen. Hier
befinden wir uns in einem ständigen Prozeß, der dadurch bestimmt ist, einerseits die eigenen Wahrnehmungen, Empfindungen, Gefühle und Vorstellungen zu
bemerken und andererseits in der Interaktion mit anderen, deren äußere und innere Situation in uns aufzunehmen. Wir machen uns auf diese Weise ein Bild von
einer sozialen Situation. Wir können darüber sprechen,
wie jeder der Beteiligten dieses Bild erlebt. In diesem
Austausch von subjektivem Wahrnehmen und Erleben
lernen wir, den anderen zu „verstehen". Wir kommen
so zum Erkennen und Fühlen von Übereinstimmung
zwischen der eigenen und einer anderen Person. Oder
aber wir kommen zu dem Schluß, daß der andere die
Situation anders, eben auf seine Weise, sieht. Beides
kann als „Kontakt" mit dem anderen erlebt werden.

Autisten können anscheinend soziale Kontakte nicht als eine Möglichkeit der emotionalen Befriedigung nutzen. Diese Quelle der inneren Sicherheit scheint ihnen weitgehend verschlossen zu sein. Sie vermeiden zwischenmenschlichen Austausch oder machen unbeholfene Kontaktsuche, die oft mißverstanden werden.

Wir erleben also sowohl in Bezug auf die dingliche Umwelt wie auch im sozialen Bereich, daß Autisten oft für uns nicht nachvollziehbar reagieren. Das kann sich auf Intensität und Form ihrer Reaktionen, aber auch auf deren Situationsangemessenheit beziehen.

Wenn Reaktionen und Verhaltensweisen für uns nicht einfühlbar sind, neigen wir zu der Annahme, autistische Menschen würden ihre Sinneseindrücke anders als wir verarbeiten. Wir versuchen dann, ihre Reaktionen als eine Konsequenz daraus zu verstehen. Derartige Hypothesen sind nicht leicht zu prüfen. Es gibt daher eine Reihe von Vermutungen über Eigenarten autistischen Erlebens und Verhaltens, aber auch viele Forschungsergebnisse, die sich noch nicht zu einem einheitlichen Bild zusammenfügen lassen.

Demnach scheint es so zu sein, daß Autisten trotz intakter Sinnesorgane oft „andere" Wahrnehmungen haben als wir. Wir schließen das aus der Beobachtung, daß sie oft viel stärker als wir auf innere und äußere Reize reagieren. Einige sprechende und reflektionsfähige Autisten berichten z. B., daß sie für bestimmte Geräusche oder Töne besonders empfindlich sind (Sabine). Diese veränderte Verarbeitung innerhalb eines Sinneskanals bezeichnet man als „intramodale Wahrnehmungsstörung".

Abgesehen von einer erhöhten sensorischen Sensibilität oder Reizbarkeit ist es auch denkbar, daß das Zu-

einander von Prozessen der Wahrnehmung, der physiologischen Erregung und des äußeren Verhaltens bei
Autisten nicht ausreichend koordiniert und gesteuert
ist.

Diese mangelnde Integrationsleistung zeigt sich
auch, wenn wir den Bereich von Aufmerksamkeit,
Wahrnehmung und Reizverarbeitung allein betrachten.
In der Autismusforschung wurde in den letzten 25 Jahren zu diesem Thema ausführlich experimentiert. Die
Ergebnisse dieser Untersuchungen legen nahe, daß
viele Auffälligkeiten autistischer Menschen auf deren
abweichende Reizverarbeitung zurückgeführt werden
können.

Autismus – eine Wahrnehmungsstörung?

Der jetzige Stand der Forschung zeigt, daß die visuelle und die akustische Wahrnehmung bei Autisten nachweislich intakt ist, daß aber massive Schwierigkeiten in der Verarbeitung der Sinneseindrücke bestehen. Es gibt Hinweise, daß bei ihnen die Integration von Informationen, die über verschiedene Sinneskanäle ins Gehirn geleitet werden, nicht ausreichend gelingt. Zusammengehörige visuelle und akustische Signale, die von einer Person gegeben werden (z. B. Mimik und Stimme) werden vermutlich im Gehirn eines Autisten nicht in einem ausreichenden Maß als zusammengehörig registriert und zu einem sinnvollen Ganzen koordiniert. Diese Störung wird als „intermodale Störung" bezeichnet, weil die Integration der Sinnesreize aus verschiedenen Kanälen nicht gelingt. Lernvorgänge und gezieltes Handeln werden dadurch sehr erschwert. Hermelin und O'Connor (1970) haben in einfallsreichen Experimenten einige Defizite in der Informationsverabeitung autistischer Kinder im Vergleich zu normalen und geistig behinderten Kindern aufgezeigt und wertvolle Ergebnisse für das Verständnis der autistischen Störung geliefert.

Lovaas und Mitarbeiter (1979) haben in vielfältig wiederholten Experimenten einen anderen Aspekt der Informationsverarbeitung bei Autisten untersucht, der mit den Ergebnissen von Hermelin und O'Connor in Zusammenhang gesehen werden kann. Sie fanden, daß autistische Kinder im Vergleich zu geistig behinderten und normal entwickelten Kindern aus einem Reizange-

bot von drei gleichzeitig vorhandenen Reizen (akustisch, visuell, taktil) nur auf einen Reiz reagierten, d. h. anscheinend nur einen Reiz verarbeiteten, wobei es keine Rolle spielte, in welcher Modalität er war. Die geistig behinderten Kinder reagierten im Durchschnitt auf zwei und die normal entwickelten Kinder auf alle drei Reize. Weitere Experimente zeigten, daß diese extreme Reizselektivität oder Überselektivität autistischer Kinder nicht nur beim Sehen und Hören besteht, sondern vor allem dann, wenn soziale Situationen zu beurteilen sind. Diese Experimente haben auch gezeigt, daß die Details eines Bildes, auf welche die Autisten reagiert haben, bedeutungslos im gegebenen Kontext waren. Männer und Frauen wurden z. B. auf Grund von Merkmalen erkannt, die unwesentlich waren (Brille, Haarfarbe, etc.).

Eine Selektion kann bereits bei der Wahrnehmung von Umweltreizen erfolgen. Wenn Aufmerksamkeitsdefizite vorhanden sind, die zur Folge haben, daß einerseits nicht ausreichend viele Reize verarbeitet werden, andererseits unwesentliche Details aus der Umgebung aufgenommen werden, kann eine eingeschränkte Wahrnehmung die Folge sein. Geschieht die Selektion jedoch in der zentralen Verarbeitung der Reize, dann würde das die Annahme von Hermelin und O'Connor stützen, daß nämlich bei Autisten die gleichzeitige Verarbeitung bzw. Integration gleichzeitig vorhandener sensorischer Reize nicht ausreichend gelingt.

In anschaulichen Experimenten belegt Frith (1992), was sie bei Autisten als kognitives Defizit beobachtet: „Es ist dies die Unfähigkeit, Information so zusammenzufassen, daß sie kohärente und bedeutungshaltige Vorstellungen ergibt" (S. 202). Das Lernen durch Erfahrung sei eingeschränkt, d. h. neue Informationen können nicht ausreichend in bestehendes Wissen integriert werden. Frith findet in ihren Untersuchungen, daß Autisten nicht in der Lage sind, den Kontext zu berücksichtigen, in dem eine Handlung geschieht. Sie können Bedeutungen nur schlecht erfassen. Sie sind nur beschränkt in der Lage, Konzepte zu bilden, Symbolhaftes zu verstehen und Abstraktionen zu machen. Frith geht davon aus, daß die Vorstellungskraft autistischer Menschen eingeschränkt ist: Sie können sich nicht vorstellen, was in anderen Menschen abläuft und nicht vorwegnehmen, wie jemand in einer bestimmten Situation reagieren wird. Autisten können nach ihren Beobachtungen keine Annahmen über den Zustand anderer Menschen machen („Theory of Mind"). Dieses Defizit schlägt sich ihrer Meinung nach im Mangel an kreativem Spiel nieder, sowie in der Schwierigkeit, Phantasiespiele zu machen oder symbolische Handlungen zu verstehen.

Die beschriebenen Defizite in der Aufmerksamkeit und der Verarbeitung von Informationen haben dramatische Auswirkungen auf die Lernfähigkeit autistischer Menschen und damit auf ihren gesamten Lebensbereich. Wenn wir uns vorstellen, was und wieviel Kinder im Lauf ihrer frühen Entwicklung lernen, können wir ahnen, wie stark sich eine autistische Behinderung beim Erlernen alltäglicher Fertigkeiten in Bezug auf die eigene Selbständigkeit und im sozialen Umgang mit anderen auswirken kann. Die Abweichungen in der Informationsverarbeitung zeigen sich nicht nur als drastische Entwicklungsstörung in Bezug auf Kontakt und Kommunikation mit der Umwelt aus. Sie müssen auch als Grundlage für massive Lernbehinderungen betrachtet werden.

Es gibt eine Reihe von Untersuchungen zu der Frage, wie die Mängel der Aufmerksamkeit und der Informationsverarbeitung zu beheben sind und wie die Lernsituationen aussehen sollten, damit sie die spezifischen Schwierigkeiten autistischer Menschen berücksichtigen (z. B. Schreibman et al., 1977; Koegel et al., 1977; Wolfberg und Schuler, 1993).

Frith, U. Autismus. Ein kognitionspsychologisches Puzzle (1992). Spektrum Akademischer Verlag, Heidelberg, Berlin, New York.

Hermelin, B. and O'Connor, N. (1970). Psychological experiments with autistic children. Oxford: Pergamon Press.

Lovaas, O. I., Koegel, R. L. and Schreibman, L. (1979). Stimulus Overselectivity in Autism: A Review of Research. Psychological Bulletin, 86, 1236–1254.

Koegel, R. L. and Schreibman, L. (1977). Teaching autistic children to respond to simultaneous multiple cues. Journal of Experimental Child Psychology, 24, 299–311.

Schreibman, L., Koegel, R. L. and Craig, M. S. (1977). Reducing stimulus overselectivity in autistic children. Journal of Abnormal Child Psychology, 5, 425–436.

Wolfberg, P. J. and Schuler, A. L. (1993). Integrated Play Groups: A model for promoting the social and cognitive dimensions of play in children with autism. Journal of Autism and Developmental Disorders, 23, 467–489.

3

Und dann brach die Pubertät
über uns herein

... Allerdings gab es einen Faktor, auf den ich
keinerlei Einfluß hatte, und das war mein kör-
perlicher Reifungsvorgang (Grandin).

Ein Platz für Paul

„Wie ist Paul doch gewachsen, paßt nur auf, wenn die Pubertät beginnt, wird es ganz schön kritisch werden." Die
Oma hat wieder ihre Schwarzseherei, denken die Eltern
noch unbekümmert. Schließlich hat Paul in den letzten
Jahren doch riesige Fortschritte gemacht. Er hat gelernt,
sich in seine Klasse einzuordnen, er kann fließend lesen,
auch unbekannte Geschichten. Er kann von der Tafel
fehlerlos abschreiben, sogar das Rechnen hat er ein bißchen gelernt. Bis Hundert zählt er, und addieren kann er
auch im Zahlenraum bis zehn. Seine Mitschüler begrüßt
er fröhlich mit Namen, er geht von sich aus auf manche
sogar zu und spricht sie an. Wer hätte sich das bei dem
verschlossenen Kleinkind träumen lassen. Skifahren hat
er erstaunlich rasch gelernt, und ohne Furcht fährt er
mit den Eltern auch schwierige Abfahrten im Gebirge.
Er ist überhaupt gern in Bewegung, schwimmt wie der
sprichwörtliche Fisch im Wasser und ist auch auf langen
Wanderungen in den Bergen glücklich und ausgeglichen.

Wie schön für die ganze Familie, daß er jetzt in so viele Aktivitäten mit einbezogen werden kann. In den Freundeskreis der Eltern, alte Schulkameraden, ist er mit Herzenswärme aufgenommen worden, alle haben den Lausbuben gern, daß er ein bißchen „dumm" ist, nimmt ihm keiner übel, und an seine Marotten haben sich alle gewöhnt. Paul ißt eben nur Makkaroni, was solls, nicht jeder muß Spaghetti mögen. Paul fragt jeden auf jeder Wanderung dreimal nach seinem Namen, was macht das schon, alle wissen ja, daß das eben seine Art ist, ein Gespräch anzuknüpfen. Wenn man ihm den Namen sagt, antwortet er ernsthaft: „Ich bin der Paul und ich bin ... Jahre alt". Dann ist er wieder zufrieden und trabt mit den Erwachsenen weiter.

„Mit siebzehn hat man noch Träume ...", so begann ein Schlager unserer Kindheit. Pauls Eltern erinnern sich nur noch mit Schaudern an diese Zeit, allenfalls Alpträume haben sie, wenn sie an den siebzehnjährigen Paul denken. Er ist schon ausgewachsen, ein großer junger Mann, der Bart beginnt zu sprießen, jedes Haar wird gehegt als Zeichen für das „Großsein". Das ist ihm so wichtig wie allen gesunden Altersgenossen, und er kämpft darum wie alle Jugendlichen. Nur daß Pauls Kämpfe so heftig und ungesteuert verlaufen wie sonst allenfalls die Trotzkämpfe dreijähriger Kinder. Hatte er früher „nur" mit Tellern oder Tassen geschmissen, wenn er sich im Widerstand verrannt hatte, so werden es jetzt Stühle und sogar Tische, die durch die Luft fliegen. Hatte er sich früher mal für eine Stunde in eine dunkle Ecke zurückgezogen, wenn er vom Lärm der anderen Menschen genervt war, so ist er jetzt nur noch selten aus seiner dunklen Ecke herauszubringen. Im Schrank kann die Mutter Paul finden, wenn er auf ihr Rufen nicht reagiert, auch dies wie in den schlimmen Anfangsjahren.

Mit zwölf Jahren war Paul sauber, konnte ordentlich essen, ging allein auf die Toilette. Das ist wie auf einen Schlag wieder vorbei, er sieht nach jeder Mahlzeit aus wie ein Schwein, wehrt sich aber mit Kratzen und Schlagen gegen neue Kleidung. Erst sieht es aus als seien es zufällige Pannen, aber im Verlauf von wenigen Wochen geht Paul nicht mehr auf die Toilette, sondern verrichtet sein Geschäft nachts im Zimmer, verschmiert es an die Wände und im Kleiderschrank. Hatte er wirklich schon mal durchgeschlafen? Den Eltern erscheint das bald wie eine Phantasie. Paul steht jede Nacht mehrmals auf, geistert ruhelos durch die Wohnung, fängt an zu schreien, wenn die Mutter ihn zur Ruhe mahnen will. Oder – noch schlimmer, er schleicht heimlich und leise durch die Räume und zerschneidet die Gardinen, verschmiert Essensreste oder Kot, die Wohnung wird zum Tollhaus, die einzige Beschäftigung der Mutter in den wenigen Schulstunden: Putzen, das Notwendigste reparieren. Doch auch diese wenigen Schulstunden werden immer weniger. Immer öfter kommt schon am Vormittag ein Anruf von der Schule: Sie soll kommen und Paul abholen, er greift auch die Mitschüler so massiv an, daß Lehrer und Erzieher überfordert sind.

Schließlich geben auch die Eltern auf, sie können Paul nicht ohne Pause Tag und Nacht bewachen und in Schranken halten. Immer öfter wird seine Mutter krank, immer weniger erholt sie sich, der Mangel an Schlaf frißt ihre Gesundheit auf. Der einzige Ausweg ist der Umzug in ein Heim, wo geschulte Betreuer sich in Achtstundenschichten abwechseln können und auf diese Weise vor dem Zusammenbrechen geschützt sind.

Leicht fällt ihnen dieser Entschluß nicht, und fast noch schwerer ist es, ihn zu verwirklichen. Autistische Kinder sind sowieso nicht gerade pflegeleicht, und die Heime reißen sich natürlich nicht um ausgerechnet so schwierige Bewohner. Wenn dann das autistische Kind in einer schweren Pubertätskrise noch besonders aggressiv ist, wird es umso schwerer. Viele Anfragen müssen die Eltern losschicken, wenige Heime laden sie wenigstens zu einem Vorstellungsgespräch ein. Schließlich findet sich doch ein Platz für Paul. Mit diesem Platz hat er sogar großes Glück: Die Mitarbeiter sind einigermaßen bereit, sich über Autismus zu informieren. Regelmäßige Besuche sind nicht nur erlaubt, sie sind sogar erwünscht, die Betreuer suchen das Gespräch mit den Eltern und setzen sich beim Abholen und Zurückbringen noch ein Stündchen mit den Eltern zusammen. Sie holen Paul an jedem Wochenende heim, in der Woche können sie ja den Schlaf nachholen! Der Lehrer ist ein gestandener Mann, der sich vor nichts und niemand fürchtet, auch vor Paul nicht. Mit Paul geht es gut in der Klasse, berichtet er den erstaunten Eltern, wie können sie da aufatmen. Erst viel später erfahren sie, daß dieser Lehrer (Paul liebt ihn immer noch und besucht ihn regelmäßig) mit Paul „ein Kämpfle" ausgefochten hat, als er wieder mal seine Grenzen ausgetestet hat. Er blieb Sieger und hat sich damit im wahrsten Sinne des Wortes einen Ehrenplatz in Pauls Herz „erobert".

Die anderen sieben Schüler in der Klasse nimmt er lange Zeit kaum zur Kenntnis, höchstens, wenn sie ihn „stören". Das allerdings kann oft vorkommen, denn er ist extrem irritiert, wenn andere Menschen husten, sich räuspern. In der Wohngruppe zieht er sich dann in sein Zimmer zurück, in der Schule hat er wenigstens einen Tisch für sich, etwas entfernt von den anderen. Wenn er unruhig wird, darf er sich auch in den Nebenraum setzen. Müde ist er oft in dieser Zeit, denn der Arzt versucht, seine Überregbarkeit mit Medikamenten etwas zu lindern. Das ist nicht einfach, es gibt keine Mittel, die speziell für autistische Menschen passen. So muß probiert werden – welches Mittel – welche Dosierung kann Paul helfen, sich ohne Toben und Schreien in der Welt zurechtzufinden.

Ganz ohne „Ausflippen" geht es auch heute noch nicht, wie viele autistische Menschen ist er auf eine ruhige verläßliche Umgebung, auf einfühlsame Mitmenschen und auch auf medizinische Unterstützung angewiesen. Lange dauert es, bis für Paul das richtige Mittel gefunden ist. So ist sein Zeugnis charakteristisch für seine Schwierigkeiten wie auch für das verständnisvolle Beobachten seiner Lehrer: „Paul begrüßt zu Beginn zuerst die Lehrkraft, mittlerweile kommt es auch vor, daß er zu Mitschülern Kontakt aufnimmt. Sein Verhalten pendelt noch zwischen Passivität und größerer Unruhe. Seine Mitarbeit ist als wechselnd zu bezeichnen, phasenweise hatte er große Schwierigkeiten, sich auf seine Aufgaben zu konzentrieren."

Dieses Pendeln zwischen Passivität und Aktivität, zwischen Begeisterung und Weltschmerz in der Pubertät kennen ja alle Eltern. Nicht Fisch, nicht Fleisch, kein Kind mehr, aber noch kein Erwachsener zu sein, das ist für alle Jugendlichen eine harte Zeit. Was daran ist nun für einen behinderten Menschen und seine Familie so besonders schwer? Ablösung ist angesagt, Orientierung an der Gruppe der Gleichaltrigen. Als autistischer

Mensch, der die Signale der Gleichaltrigen besonders schlecht deuten kann, ist Paul ganz besonders auf die Erwachsenen angewiesen. Nur sie können ihm ja den verläßlichen Halt geben, den er so dringend braucht. Die Jugendlichen sind ihm dagegen eher unheimlich, ungesteuert wie er selbst, unberechenbar. Sie können ihm keine festen Grenzen setzen, sondern flippen womöglich selber aus. Dann flüchtet Paul schnell in Panik in den Schutz der Erwachsenen.

Im Heim pendelt sich das allmählich ein. Er ist zwar auch dort der autistische Sonderling, aber er ist doch – gerade weil er recht gut sprechen kann, weil er seine Mitbewohner mit Lese- und Schreibkünsten beeindrukken kann, auch ein angesehenes Mitglied seiner Wohngruppe.

Bei den Besuchen zu Hause – so sehr er sie sich wünscht – wird er demgegenüber mit einer harten Realität konfrontiert. Die Nachbarjungen sind in seinem Alter – sie dürfen abends weggehen, das kann Paul nicht. Sie machen den Führerschein – auch wenn ihr erstes Auto eine alte Klapperkiste ist, Paul fühlt sich zurückgesetzt und kocht vor Neid. „Du willst mir das Großsein nehmen", ist dann sein beständiger Vorwurf an die Mutter, die ihm in seinen Augen diese Freiheiten und Privilegien der Erwachsenenwelt nicht gönnt. Immer wieder rastet er dann aus, fliegt das Geschirr durch die Küche, immer wieder zerreißt er seine Kleidung und zerfetzt seine Bettwäsche. Am schlimmsten, auch für ihn selbst, ist es, wenn er seine doch so geliebte Gitarre zertrümmert und sie dann bitter vermißt.

Manchmal müssen die Eltern ihn schon nach ein paar Stunden ins Heim zurückbringen, manchmal geht es auch zwei oder drei Tage, bis Paul die gehaßte und ersehnte feste Struktur des Gruppenlebens wieder braucht. Lange Zeit braucht die Mutter unbedingt einen männlichen Betreuer an ihrer Seite, wenn der Vater verreisen muß. Paul ist nicht bereit, eine Frau als Autorität anzuerkennen. Das schafft auch im Heim enorme Probleme, wenn er in plötzlicher Aggressivität gegen Erzieherinnen losgeht. Fünf endlos lange Jahre dauert dieser Kampf, den er auf seine Weise ums „Großsein" führen muß. Doch allmählich schafft auch Paul es, ruhiger zu werden, die verlängerte Schulzeit bis zum 22. Jahr hilft ihm dabei entscheidend. Sein letztes Zeugnis spiegelt den Abschied von der Schule und damit von der Kindheit wieder: „Das Verhalten von Paul war weiterhin stark von seinen Stimmungsschwankungen abhängig. Durch Appelle an seine Vernunft als ‚erwachsener Mann' konnte er oft beruhigt werden. Durch vermehrte Entscheidungsfreiheit (z. B. ‚wenn Du magst, kannst Du diese Arbeit übernehmen') war er oft zur Durchführung von Werkaufgaben bereit. Er suchte häufig Kontakt zu Bezugspersonen, er mag Körperkontakt (z. B. den Arm um die Schulter legen) und einen partnerschaftlichen Umgang. Besonders gut ansprechbar ist Paul im musischen Bereich; er spielt gern Gitarre und hört Musik. Im Sachunterricht wurde ein Gartenhaus geplant, Paul half eifrig und sachkundig bei den Arbeiten."

Welche Fee war an Sabines Bettchen?

Es gehört zu den verwirrendsten Eigenschaften autistischer Kinder, daß sie alle besonders hübsch sind. Wir wissen nicht, woher das kommt. Sind es die großen Augen, der verträumte Blick? Ist es die scheinbare Leichtigkeit der Bewegungen, der Gang auf den Zehenspitzen?

Oft scheint es mir eine der guten Feen gewesen zu sein, die diese Gabe der Schönheit verliehen hat. Einem hübschen Kind bringt man leichter Sympathien entgegen als einem häßlichen. Einem hübschen Kind sieht man manche Kapriolen mit einem Lächeln nach, die sonst zu scharfer Kritik führen würden. Manchmal glaube ich aber auch, daß es gerade die dreizehnte Fee aus dem Märchen war, die Sabine und ihren Schicksalsgenossen das attraktive Aussehen geschenkt hat. Schönheit bringt auch Gefahren, ganz besonders für ein Kind, das sich seines Aussehens und der sozialen Einschätzungen seiner Umgebung nicht bewußt ist. Der dreijährigen Sabine haben es die Menschen im Bus lächelnd nachgesehen, wenn sie an ihnen geschnuppert hat oder über einen weichen Pelzmantel streicheln wollte. Die achtjährige Sabine ist bei solchen ungewöhnlichen Aktionen schon mal barsch angefahren worden, so ein großes Mädchen muß doch wissen, wie „man" sich benimmt!

Inzwischen ist Sabine dreizehn, ein ungewöhnlich hübscher Teenager mit dem arglosen Gemüt eines kleinen Kindes. Noch immer ist sie glücklich, wenn sie über weiche Pelze streicheln darf. Dafür hat sie einen Blick und so hat die Mutter nur einen Augenblick nicht hingeschaut und schon war es passiert: Sabine hat einen jungen Mann entdeckt, der im Schwimmbad friedlich auf seiner Luftmatratze liegt. Er hat dichte blonde Haare auf der Brust – da konnte Sabine nicht widerstehen. Schon hat sie sich neben den jungen Mann gesetzt und streichelt ganz sanft über seine Brust. Der Aufruhr ist perfekt! Wie kann man nur! Wie der Blitz ist die

Mutter da, zieht Sabine hoch und entschuldigt sich bei dem jungen Mann und seiner in heller Empörung herbeigeeilten Freundin. Sabine ist verstört, sie setzt sich weinend in den Sand. Sie hat sich doch wirklich nichts Böses dabei gedacht, sie wollte doch nur diesen verlockenden „Pelz" streicheln. Da helfen die Erklärungen der Mutter nur begrenzt. Wie soll man einem Kind, das die sozialen Regeln nicht überblickt, erklären, was es alles nicht darf. Man kann nur hoffen, daß Sabine beim nächstenmal daran denkt, daß man fremde Menschen nicht anfassen darf – nein, so geht es auch wieder nicht. Beim Begrüßen muß man fremde Menschen doch anfassen, das hat Sabine doch mit äußerster Mühe gelernt. Also: „Nur die Hand darf man fremden Menschen geben, streicheln nur in der Familie!"

Wir können nicht voraussehen, welches „ungewöhnliche" Ereignis das nächste sein wird. Dabei sehen die Mitmenschen Paul noch eher seine Marotten nach, denn er ist ja „geistig eingeschränkt". Das reicht oft als Erklärung, um den größten Ärger zu besänftigen. Sabine ist aber doch ganz offenbar nicht dumm. Sie geht ja sogar in die Realschule, hat die Anfangsgründe des Englischen erstaunlich gut erfaßt, kommt auch in Mathematik mit ganz passablen Noten nach Hause. Das verstehe, wer will, Sabines neue Lehrerin hat eine ganz einfache Erklärung: „Das liegt doch an der Erziehung." Sabines Mutter hat diese Erklärung gründlich satt. Zu oft schon wurde sie mit ihrer Erziehung kritisiert, zu oft schon wurde ihr vorgeworfen, daß sie eben nicht vier Kinder hätte in die Welt setzen sollen, wenn sie sich dann nicht richtig um sie kümmerte. Daß Thomas, Petra und Ralf „gut geraten" waren, spielte dann plötzlich keine Rolle mehr. Das Wort von der „Mutter-Kind-Beziehung" konnte ihren Puls ganz schön in die Höhe treiben. Dabei hatte sie allen Grund, stolz auf ihre Erziehung von Sabine zu sein. Ein autistisches Kind hat ja enorme Probleme, sich in seiner Umwelt zurechtzufinden. Wenn sie sich nicht solche Mühe gegeben hätte, wäre Sabine sicher nicht so weit gekommen. Trotz aller offensichtlichen Intelligenz mußte sie Sabine ja auch jeden Tag helfen, den Schulstoff zu verarbeiten. Die Konzentration auf das Wesentliche einer Situation beherrschte ihr Töchterchen ja noch immer nicht. Wenn sie in den ersten Schuljahren noch öfter nach Hause gekommen war und ganz genau wußte, daß die Lehrerin einen hellkarmesinroten Pullover angehabt hatte, war das zwar ein Beweis für ihre Fixierung auf Farben, hatte aber doch mit den Hausaufgaben nichts zu tun. Damals hatte die Lehrerin sich ausnahmsweise bereit erklärt, Sabines Einträge ins Hausaufgabenheft zu überprüfen. In der Realschule ging das nicht. Die Lehrerin erklärte ganz nüchtern: „Entweder schreibt sie das selbst auf oder sie ist eben nicht für die Realschule geeignet!" Sie hatte im Normalfall auch recht, aber für Sabine müßten eben andere Gesetze gelten. Sicher wären die Lernanforderungen in der Hauptschule geringer gewesen, aber die Klassen umso größer, und das ist es, worauf es bei einem autistischen Kind entscheidend ankommt. So riet auch die Ärztin den Eltern, Sabine in die vom sozialen Umfeld geeignetere Schule zu geben. Das war die Realschule, eine von Nonnen geleitete reine Mädchenschule mit kleinen Klassen, wo auf Ordnung und Disziplin gesehen wurde. Für ein gesundes Kind wäre das vielleicht eine arge Einschränkung gewesen. Viele ihrer Klassenkameradinnen jammerten darüber, daß sie nicht mit Jungen zusammen waren. Sabine war das nicht wichtig, sie war froh, daß die Nonnen auf strenge Regeln achteten. Im Unterricht wußte sie damit genau, woran sie war. Nur die Pausen waren ihr ein Greuel, alle liefen durcheinander, die Mädchen aus anderen Klassen spotteten oft über sie. Sabine konnte mit den Interessen der anderen Mädchen nur wenig anfangen, sie interessierte sich nicht für die Schlagerstars. Sie ging auch nicht freiwillig ins Kino und die laute Disco, der Traum der Teenies war ihr ein Greuel. Sie mochte auch keine Jeans anziehen, nur weiche Stoffe ertrug sie auf der Haut. Damit war sie natürlich modisch untendurch und daß sie nicht mit ihren Eltern darum kämpfte, sich schminken zu dürfen, machte sie restlos zur Außenseiterin. Petra tröstete sie immer wieder, wenn sie weinend nach Hause kam, weil sie ausgelacht wurde und gar nicht richtig wußte, warum. Petra erklärte ihr auch, welche Filmstars gerade am berühmtesten waren oder welche Popgruppe der Traum der anderen Mädchen. Aber das half nicht viel, Sabine interessierte sich ja nicht wirklich dafür, sondern lernte die Namen höchstens auswendig, damit sie ein wenig mitreden konnte.

Sie wollte ja eigentlich sehr gerne zu ihrer Klasse dazugehören, sie freute sich, wenn es ihr gelang, in der Pause mit einem anderen Mädchen zu sprechen. Aber gerade dieses war immer noch ihr größtes Problem. Sie dachte sich schon zu Hause ein Thema aus und damit platzte sie dann mitten in eine Unterhaltung ihrer Klassenkameradinnen hinein. Sie „störte" gerade in ihrem eifrigen Bemühen, weil sie einfach nicht erkennen konnte, ob die anderen gerade eine Gesprächspause hatten oder ob sie mittendrin waren. Wie kann man einem Menschen, der wirklich „blind" ist für die sozialen Signale anderer Menschen, hier weiterhelfen? Sabine wurde im Lauf der Zeit immer schüchterner, zu oft wurde sie von den anderen grob zurückgewiesen. Und gerade diese Furcht hinderte sie dann wieder daran, es noch einmal zu versuchen. So schloß sich Sabine in dieser Zeit, in der sich gesunde Jugendliche eher von den Eltern ablösen und die Clique der Gleichaltrigen suchen, immer enger an die Eltern an.

Die Klassenkameradinnen nahmen ihr gerade das restlos übel – von Jugendlichen in der Pubertät kann man gewöhnlich alles erwarten, nur keine Toleranz gegen Jugendliche, die sich nicht an der altersgemäß „natürlichen Feindschaft" gegenüber Erwachsenen beteiligen.

Wie sollte Sabine aber allein zurechtkommen? Sie braucht auch mit siebzehn Jahren noch Hilfe beim Duschen und Anziehen, sie weiß nicht, welche Kleidung für welches Wetter und für welchen Anlaß paßt. Zur Hochzeit von Thomas wollte sie im Jogginganzug gehen, weil sie den besonders schön fand. „Wenn Sabine doch ein bißchen eitel würde", seufzt ihre Mutter oft. Aber Sabine ist nun einmal nicht eitel, sie ist sich ihrer Wirkung auf andere Menschen so gar nicht bewußt, angewiesen darauf, daß die anderen freundlich auf sie zugehen. Die neue Schwägerin war erst einmal ziemlich verdutzt, als sie Sabine kennenlernte – eine Realschülerin, die in Mathematik immer noch auf eine drei kam, aber nicht fähig war, allein mit dem Bus zu fahren oder im Lebensmittelgeschäft schnell noch die Zutaten für das Abendessen zu besorgen. Da haben wir sie wieder, die Unfähigkeit im lebenspraktischen Bereich. Freilich, solange die Mutter danebensteht und Sabine die richtige Schüssel zeigt und beim Herd die richtige Einstellung macht, solange macht Sabine bereitwillig beim Kochen mit. Aber wenn die gewohnte rote Rührschüssel gerade nicht verfügbar ist, bricht Sabines Selbständigkeit noch immer zusammen. Einen Ersatz zu finden, ist ihr ohne Hilfe nicht möglich. Da gerät sie immer noch in Angst. Sie ist überfordert, wenn irgend etwas vom gewohnten Ablauf abweicht. Der Bus kann aber Verspätung haben, der Lebensmittelladen kann eine andere Sorte Butter im Kühlregal haben ... Das Alltagsleben ist schrecklich kompliziert für einen autistischen Menschen. Was soll Sabine tun, wenn die Schulzeit vorbei ist? Die Schule läuft nach überschaubaren Regeln ab, die Menschen des täglichen Umgangs haben sich allmählich an Sabine und ihre Schwächen gewöhnt. Nun steht aber „der Ernst des Lebens" an. Wo soll Sabine einen Arbeitsplatz finden, welchen Beruf gibt es, der ihren Fähigkeiten und ihren Schwierigkeiten gerecht werden kann? Das große Suchen beginnt von neuem und die Familie klappert alle Informationsmöglichkeiten ab.

Würden Sie einen autistischen Menschen einstellen? Oder – wie würden Sie auf eine autistische Arbeitskollegin reagieren?

Gerhard, der Schauspieler

„Den heiligen Martin soll am besten Gerhard spielen, bei der Rolle muß man am meisten auswendig lernen", meint der Lehrer der Schauspielgruppe am Gymnasium. Keiner widerspricht ihm, alle geben neidlos zu, daß Gerhard wirklich das beste Gedächtnis von allen in der Klasse hat. Das Stück ist recht lang, die Kinder sind mit Feuereifer bei den Proben dabei. Gerhard kann seine Rolle wirklich schon als erster fehlerlos auswendig. Er merkt sich genau, wo er auf der Bühne zu stehen hat, seine Einsätze klappen perfekt. Wie paßt das zu einem autistischen Jungen? Können autistische Kinder wirklich schauspielern? „Ist Gerhard denn überhaupt noch autistisch?" fragt die Französischlehrerin erstaunt. Sie kennt ihn noch nicht persönlich, hat nur im Lehrerkollegium von diesem seltsamen Schüler gehört. „Warten sie nur bis zum Schluß der Szene, Frau Kollegin, dann werden Sie es ja sehen", flüstert ihr Gerhards Klassenlehrer zu. Ja, da wundert sie sich wirklich, kann es das denn geben? Eben noch hatte Gerhard seinen Text aufgesagt, sogar die Betonung hatte hervorragend geklappt. Nun soll er sich nur noch verabschieden, da aber verheddert er sich fürchterlich. Schon halb draußen ist er, als aus dem Vorhang vernehmlich gezischt wird „Gerhard, verabschieden!" Hastig dreht er sich noch mal um, geht auf den Bettler zu, drückt dem die Hand und schaut dabei in die andere Richtung. Dann stolpert er verwirrt hinaus. „Sehen Sie, das kennen wir alle, bei schwierigen Aufgaben lernt Gerhard prima. Er gibt sich auch alle Mühe dabei. Aber die leichten Sachen, wie man sich zum Beispiel beim Abschied die Hand gibt, das kann er auch im Alltag noch nicht. Ich habe mich am Anfang vom Schuljahr auch ziemlich gewundert, zuerst dachte ich, der will mich provozieren, weil er mich nie angeschaut hat, wenn ich ihn aufgerufen habe. Aber da hapert es bei ihm ganz gewaltig, auch mit der Mutter hat er herzlich wenig Blickkontakt. Das sieht ganz seltsam aus, wenn er einem eifrig etwas erzählt und dabei so angestrengt neben einem in die Ferne guckt." Im nächsten Jahr werden Sie das ja selber merken, wenn Sie die Klasse übernehmen. Als Schüler ist er aber recht angenehm, er lernt zuverlässig und bemüht sich auch um

Höflichkeit." Das war doch eine schöne Auskunft über Gerhard, wer hätte das in den ersten Lebensjahren erwarten können. Wie geht es weiter?

Auch Gymnasiasten kommen in die Pubertät. Das sieht von außen erst einmal so aus, daß sich umgängliche Buben in Erzrüpel verwandeln und aus netten Schulmädchen zickige Gänse werden. Meinen Sie, ich übertreibe? Gerhard würde Ihnen energisch widersprechen! Seine Welt verändert sich innerhalb eines Jahres total, und er findet sich wieder einmal überhaupt nicht darin zurecht. Anpassung hat er gelernt, mit Anstrengung, mit manchen Wutausbrüchen bis jetzt, aber er hat sie gelernt. „Gerhard, in der Schule ist der Lehrer der Chef!" Seine Mutter weiß nicht, wie oft sie ihm diesen Spruch gepredigt hat. Mit welcher Mühe war es verbunden, bis Gerhard daran gedacht hat, „Guten Morgen" zu sagen. Oder bis Gerhard gelernt hat, erst dann zu reden, wenn er aufgerufen wurde. Und jetzt schimpfen seine Klassenkameraden über ihn, wenn er höflich ist: „Lehrers Liebling", heißt es spöttisch. Es gibt keine größere Freude mehr, als die, die alten Regeln zu verletzen und Gerhard ist total ratlos. „Das ist doch gar nicht erlaubt!" mahnt er immer wieder, und er weiß nicht, warum die Klassenkameraden vor Lachen losbrüllen. Viele Gespräche in den Pausen drehen sich um die neueste Popgruppe – Gerhard kennt sie nicht. Die Kleidung wird wichtig, auch für die Jungen. Dabei ist Anpassung angesagt, Anpassung freilich nicht an die Vorstellungen der Erwachsenen, sondern an die der Jugendlichen. Ganz bestimmte Turnschuhe müssen es sein, eine einzige Baseballkappe ist „die Richtige", es dürfen nicht irgendwelche Jeans sein, sondern nur eine ganz bestimmte Marke wird anerkannt. Gerhard mag aber keine harten Jeans, er trägt sie, weil es sein muß, aber mindestens zwei Nummern zu groß – dann sind sie ihm bequemer. Das aber sieht nicht „cool" aus. Gerhard schafft es nicht, „in" zu sein, er schafft es nicht einmal, unauffällig in der Menge zu verschwinden. Er fällt auf, wenn er bei jeder Begegnung mit einem Lehrer höflich sagt: „Ich bin der Gerhard, geboren am …". Das ist auch so eine Fixierung, eigentlich eine ganz tolle Begabung, die autistische Menschen öfter haben. Gerhard ist ein Kalenderrechner. Wenn man ihm ein beliebiges Datum aus den letzten 150 Jahren sagt, kommt blitzschnell als Antwort der richtige Wochentag. Gerhard wundert sich, daß andere Menschen das nicht wissen, er genießt aber auch seine besondere Fähigkeit. Daß seine Schulkameraden das längst langweilig finden, wenn er dieses Ritual abspult, versteht er nicht.

„Mutter, warum verstehe ich nicht, was die anderen spielen", hat Gerhard schon in der Grundschule gefragt. Damals wollte sie ihn noch nicht mit der harten Antwort konfrontieren: „Du bist behindert, du bist autistisch". Jetzt aber ist der Zeitpunkt gekommen, wo Gerhard sich immer bewußter mit anderen Kindern vergleicht. Da reichen ihm die Erklärungen: „Du bist eben besonders sensibel, Du hast eben andere Talente" nicht mehr aus. So hat die Mutter zögernd begonnen, ihm das Wort „Autismus" als Erklärung, als Kürzel für seine Schwierigkeiten näherzubringen. Das ist nicht einfach, beide müssen sich an dieses schwierige Thema herantasten. Die Mutter möchte Gerhard ja nicht entmutigen, sie weiß noch zu genau, wie schlecht seine Zukunftsaussichten von den Ärzten in den ersten Jahren beurteilt worden sind. So sagt sie ihm immer wieder: „Ich weiß, das Du es damit eben schwerer hast, als andere Kinder.

Aber Du hast schon so viel geschafft, da wirst Du auch andere Schwierigkeiten noch überwinden." Gerhard muß lernen, mit dem Wort „Behinderung" umzugehen, es hilft nichts, sich zu lange darum zu drücken. Er kann noch immer nicht so schnell schreiben wie die anderen Kinder in der Klasse. Die Ärzte haben ihr geraten, für Gerhard in den Prüfungen Zeitverlängerung zu beantragen. Die Schule hat das auch genehmigt, aber da ging natürlich die große Fragerei los: „Warum kriegt der Gerhard eine Extrawurst?" Er konnte das selbst ja zuerst gar nicht erklären, kam ratlos und frustriert nach Hause. So erinnerte ihn die Mutter daran: „Gerhard, Du weißt doch, daß Du es viel schwerer gehabt hast, das Schreiben mit der Hand zu lernen, die Ärzte haben mir erklärt, daß es Dich noch mehr anstrengt, als Deine Klassenkameraden. Du sollst es nicht so viel schwerer haben, deshalb bekommst Du mehr Zeit als die Anderen."

Noch schwerer wird es, als Gerhard nach Hause kommt: „Mutter, alle haben heute gesagt, wenn ich behindert bin, dann darf ich nicht aufs Gymnasium gehen, dann gehöre ich auf eine Sonderschule." So erklärt sie ihm die Regeln unseres Schulsystems: „Bei uns ist das so geregelt, daß alle Kinder in die Schule gehen sollen, wo sie mit dem Unterrichtsstoff mitkommen können. Für sinnesbehinderte Kinder gibt es besondere Schulen, wo sie die entsprechenden Hilfsmittel kriegen, also z. B. vergrößerte Aufgabenblätter oder starke Lupen. Wenn Kinder nicht so schnell lernen können oder zum Beispiel das Rechnen nicht lernen können, dann gibt es auch Schulen für lernbehinderte Kinder oder für geistig behinderte Kinder. Aber Du bist gescheit und hast doch auch im Englischen gute Noten, deshalb bist Du auf dem Gymnasium am richtigen Platz." Ja, Gerhard hat wirklich im Englischunterricht wenig Probleme, er hat ein gutes Gedächtnis und kann sich Regeln der Rechtschreibung und der Grammatik leicht merken. Sein ungeliebtestes Fach ist Deutsch. Dabei spricht er jetzt klar und deutlich, sein Wortschatz ist umfassend, wo kann es denn dabei Probleme geben?

Erinnern Sie sich, daß eine Störung der Sprache zu den Kernsymptomen des frühkindlichen Autismus gehört? Bei Gerhard wirkt sich das so aus, daß er alles, was sich um Sachprobleme dreht, gut beherrscht. Aber unsere Sprache lebt von Bildern: „Du siehst alles schwarz." – Gerhard sieht sich suchend um und entdeckt nichts Schwarzes. „Bleib mal auf dem Teppich." – Gerhard ist verwirrt, denn in der Schule gibt es doch keinen Teppichboden. Er hat Deutsch gelernt, wie eine Fremdsprache, Wort für Wort, mit Ableitungen für die Verben oder die Adjektive. Das beherrscht er korrekt. Aber Witze versteht er nicht, sie leben ja davon, daß die korrekten Regeln außer Kraft gesetzt sind. Ironie geht an Gerhard vorbei, und wenn er dann unsicher seine Fragen stellt, sind seine Klassenkameraden ungeduldig oder lachen ihn aus. Sachaufsätze sind ihm bisher so einigermaßen gelungen. Die Mutter hatte mit ihm zu Hause die Themen üben können und die Einzelheiten geduldig erklärt. Jetzt aber wird es immer schwieriger. „Besinnungsaufsätze" soll Gerhard jetzt schreiben können, sich Gedanken machen über Themen, die oft noch philosophisch verschlüsselt sind. „Welchen Weg könnte man einschlagen, um das Problem des Hungers in der dritten Welt zu lösen?" hatte das Thema in der Schulaufgabe geheißen. Gerhard verheddert sich am konkreten „Weg". Er macht sich Gedanken über Transportwege, er hat das Thema eben wortwörtlich verstanden. Der Lehrer sieht nur eins: Thema verfehlt! So geht es nun immer öfter, Gerhard ist bald völlig mutlos. Auch in Erdkunde gibt es ja solche Mißverständnisse, in Biologie, in Mathe. Da nützt es nichts, wenn er nach wie vor im Rechnen ein Meister ist, er versteht die Aufgabenstellungen zu oft nicht richtig, und es hagelt schlechte Noten. So sehr er sich auch anstrengt, mit der mittleren Reife ist für ihn das Ende der Schulzeit gekommen. Die Mutter sieht es genauso wie die Lehrer und die Ärzte: Hier sind für Gerhard durch seine Behinderung die Grenzen gezogen. Doch sie wissen auch: Schulzeit ist noch Schonzeit – wie soll es weitergehen?

Martins Umzug ins Jugendalter

Mit sechzehn Jahren beginnt für Martin das Jugendalter. Er muß umziehen, seine vertraute Heimgruppe und die Schule verlassen. Ein neuer Lebensabschnitt beginnt, er soll einen Beruf erlernen. Sprechen kann er freilich nicht viel mehr als vor zehn Jahren, er sagt manchmal einzelne Wörter nach, manchmal sprudelt ein Satz mit großer Begeisterung aus ihm heraus, ohne daß man einen Bezug zur Situation finden könnte. Echolalie nennt man es, wenn Martin das letzte Wort oder den letzten Satz, den er gehört hat, wiederholt. Das erschwert die Verständigung oft eher, als daß es sie erleichtern könnte. Wenn der Hausvater Martin fragt: „Martin, willst Du Wurst oder Käse?" so sagt Martin mit Sicherheit das letzte Wort, „Käse", und seine Tischgenossen wundern sich immer wieder, wenn er dann den Käse in offenbarer Verzweiflung auf den Boden wirft. Die Hauseltern bemühen sich sehr, auf Martin einzugehen, leicht fällt es ihnen nicht. Sie haben nun einmal bestimmte Wertvorstellungen, womit sie ihren Schützlingen das Leben verschönern möchten, und sie sind immer wieder gekränkt, wenn Martin „schöne" Bilder von der Wand reißt oder sich bei den Festen abseits von den anderen hinsetzt. Martin singt gerne, die Betreuer verstehen nicht, warum er seinen Beitrag zu den Liedern erst dann beginnt, wenn die anderen fertig sind. Er kann sich einfach nicht an einen vorgegebenen Rhythmus halten, damit wäre er überfordert. Er lebt eher neben den anderen als mit ihnen. An den Wochenenden machen sie öfter Ausflüge. Martin ist ein eifriger Radler, er sitzt auf dem Tandem und arbeitet tüchtig mit. Allein darf er nicht Rad fahren, er ist nicht verkehrssicher, und die Betreuer haben auch Angst, daß er einfach „ins Blaue" radeln würde und nicht mehr aufzufinden wäre.

Beim Arbeiten mit Ton kann Martin seine Kraft so richtig ausarbeiten. Das Praktikum in der Töpferei macht ihm sichtlich Freude, und er patscht mit vollen Händen die schweren Tonklumpen auf den Tisch. Kneten und Matschen machen ihm Spaß, und in den Arbeitspausen kann er ohne Gefährdung in der großen Töpferwerkstatt herumlaufen. Er schaut den anderen bei der Arbeit zu und ruft ihnen hin und wieder mit großer Begeisterung ein Wort entgegen. Abends genießt er es, wenn der Hausvater noch auf der Kantele spielt, alle singen dazu, und Martin singt wie immer hinterher.

Nach drei Monaten soll Martin etwas Neues ausprobieren. Er wird in die Gärtnerei „versetzt", es ist Frühling, und da kann er seine Kräfte beim Umgraben gut gebrauchen. Er schiebt auch stolz den Schubkarren mit Kompost zu den Beeten. Die feineren Pflanzarbeiten liegen ihm nicht so sehr, aber der Meister ist geschickt und denkt sich für Martin immer neue Beschäftigungen aus. Er hat ja eine ganze Menge Schützlinge, die nicht so kräftig sind. Da ist Martin eine Hilfe, wenn er die schweren Kisten mit Blumentöpfen freudig trägt. Er kann zwar nicht lange bei einer Beschäftigung bleiben, aber er darf zwischendurch um seine seßhafteren Mitbewohner seine Runden drehen, und dann geht auch die Arbeit wieder voran.

Versteht Martin, was der Gärtnermeister ihm erklärt? Er ist sich oft nicht sicher, manchmal tut Martin „das Richtige", manchmal etwas völlig anderes. Beim ersten Mal hat er die jungen Geranienpflanzen sorgfältig in die vorbereiteten Töpfe gepflanzt, nach der Pause aber wirft er nur noch die Erde durch den Raum. Wird es ihm langweilig? Kann er einen Sinnzusammenhang zu den Bildern mit den blühenden Geranien herstellen, wenn der Meister die an den Kästen befestigt? Auch zu Hause hilft Martin im Garten. Eine Reihe lang mäht er den Rasen sorgfältig, dann geht er lieber auf die Schaukel. Der Mutter fällt es schwer, dabei nicht zornig zu werden. Christian hat mit seinen dreizehn Jahren schon die Ausdauer, eine Arbeit fertig zu machen. Er weiß auch ohne Aufforderung, daß er nach dem Mähen auch das Gras zusammenrechen und auf den Komposthaufen werfen muß. Martin läuft „faul" daneben herum, er hilft dem kleinen Bruder nicht. Ja, der „kleine" Bruder hat Martin schon längst überholt, er kann schon selbständig in die Stadt fahren, er hat Taschengeld und kann damit umgehen, er hat eine Uhr und benutzt sie ... Den Eltern wird immer wieder das Herz schwer, wenn sie durch den Vergleich mit Christian erkennen müssen, wie schwer Martin beeinträchtigt ist. Martins achtzehnter Geburtstag ist so ein besonders schlimmer Tag. Gesunde Kinder werden volljährig, man kann sie leichteren oder auch schwereren Herzens aus der elterlichen Verantwortung entlassen. Bei Martin ist das nicht möglich, er braucht ja in allen Lebensbereichen Schutz und Unterstützung, man kann ihn ja nicht mal zehn Minuten unbeaufsichtigt lassen. So haben die Eltern für Martin die Pflegschaft für alle Lebensbereiche übernommen, haben wieder einmal ein umfangreiches Verwaltungsverfahren durchgestanden. Es ist nicht einfach, sich mit Martins Behinderung auseinanderzusetzen, besonders bedrückkend ist es immer dann, wenn durch „objektive" Gutachten festgestellt wird, wie schwer behindert ihr Sohn ist. Wenn Martin im Heim ist, dann ist die bedrückende Realität ein wenig in die Ferne geschoben. In den Ferien aber ist Martin zu Hause und beschäftigt die Eltern rund um die Uhr.

Sie versuchen, die Ferien so zu organisieren, daß Christian mit einer Jugendgruppe wegfahren kann, so daß er nicht in die Betreuung von Martin eingespannt ist. Trotzdem ist der eifersüchtig: „Ich werde weggeschickt, wenn Martin kommt!" Für einen Dreizehnjährigen ist das nicht leicht zu verkraften, es ist jedesmal eine Umstellung des gesamten Lebensrhythmus, wenn Martin kommt. Trotzdem liebt er seinen Bruder von Herzen. Als ihn Klassenkameraden angreifen: „Du mit deinem blöden Bruder, sowas gehört doch nicht zu uns", da stürzt er sich mit den Fäusten auf sie. „Martin ist behindert, er kann nichts dafür, aber ihr, ihr seid einfach feig!" Er muß sich mit Problemen auseinandersetzen, die seine Klassenkameraden nicht kennen, auch nicht kennen wollen. Es fällt ihm nicht leicht, in seinem Gefühlsknäuel aus Eifersucht auf die Fürsorge für Martin und seiner Zuneigung zum Bruder ein Gleichgewicht zu finden. Er ist ja selbst am Beginn der Pubertät, die auch bei Martin schon seit einiger Zeit für immer größere Unruhe sorgt. Unruhe ist bei Martin dabei erst einmal ganz wörtlich zu verstehen. Er wird wieder jede Nacht wach, geistert durch die Schlafräume und weckt seine Mitbewohner. Er ist auch am Tag kaum mehr zum Still-sitzen zu bewegen. Seine Konzentration wird immer ge-ringer, seine Zornesausbrüche bei der kleinsten Frustra-tion werden immer heftiger. Er kann ja nicht so „mot-zen", wie gesunde Kinder, wenn sie Dampf ablassen.

Dabei muß er noch eine neue Belastung verkraften. Die Zeit in der Gärtnerei ist zu Ende, Martin soll eine neue Arbeit erproben. Die liegt ihm leider gar nicht. In der Kerzenzieherei ist der Raum klein und eng, das heiße Wachs ist zu gefährlich, als daß Martin im Raum einfach herumlaufen dürfte. Eines Tages hält er es nicht mehr aus und schlägt seinen Betreuer nieder. Als der sich wieder aufgerappelt hat, schlägt ihn Martin gleich wieder zu Boden. Er weiß, daß er damit etwas Schlim-mes getan hat und ist völlig verzweifelt, schlägt um sich und beißt sich selbst heftig in die Hände. Trotzdem wer-den seine Aggressionen immer häufiger, und immer ra-biater läßt er seine Wut an den Betreuern aus. Ist es die Pubertät, ist es der häufige Wechsel, ist es die Wut über seine Behinderung, die ihn nicht mehr zur Ruhe kom-men lassen? Wir wissen es nicht, können auch heute darüber nur spekulieren.

Als die Eltern eines Tages im Heim anrufen, sich nach Martin erkundigen wollen, bekommen sie die be-stürzende Auskunft: „Morgen wird er in die Psychiatrie gebracht, er ist nicht mehr auszuhalten." Verstört ma-chen sich die Eltern auf den Weg, sie erkennen Martin kaum wieder, als sie ihn in der Klinik zu sehen bekommen. In dieser Klinik haben die Ärzte und Krankenpfleger keine Ahnung von den Problemen eines behinderten Menschen. Martin ist seit drei Tagen ungewaschen, ungekämmt, sein Koffer steht unausgepackt im Zimmer, und die Pfleger wundern sich noch darüber, warum er ihn nicht ausgepackt hat. Selbst ein Patient aus dem Nebenzimmer erklärt den Eltern: „Der paßt aber nicht hier her!" Martins Heimbetreuer bricht in Tränen aus, als er Martin so sieht und dieser ihn nicht mehr zu erkennen scheint. Bei allen Schwierigkeiten mit der Lehre der Anthroposophen wußten die Eltern doch auch, daß sich die direkten Betreuer liebevoll um Martin kümmerten. Hier sehen sie die Bestätigung. Martin wirkt völlig abwesend, apathisch sitzt er im Zimmer, als ihn die Eltern zu einem kleinen Spaziergang mitnehmen wollen, müssen sie ihn von beiden Seiten stützen. Allzu offensichtlich ist es, daß Martin die Medikamente nicht verträgt, daß keiner mit ihm richtig umgehen kann.

Verstört fahren sie wieder nach Hause, erst im Zug löst sich die Erstarrung, kommen der Mutter die Tränen. Sofort fahren sie zu ihrer vertrauten Ärztin, die Martin seit Kindertagen kennt. Sie rät ihnen weiter, nennt ihnen den Namen einer Klinik, die sich mit Krisen behinderter Menschen auskennt. Martin muß fast ein Jahr in dieser Klinik bleiben. Erst muß er untersucht werden – die Epilepsie macht ihnen viel Kopfzerbrechen. Martin hat einige schwere Anfälle, bis schließlich das geeignete Medikament für ihn gefunden ist. Allmählich wird Martin ruhiger, ausgeglichener. Dann kommt die nächste Schwierigkeit: Das Heim sieht keine Möglichkeit, Martin zurückzunehmen. Dabei wäre der Heimvater sogar bereit, es noch einmal mit Martin zu versuchen. Die Leitung ist dagegen. Der Klinikdirektor ist außer sich, die Eltern sind verzweifelt, aber es hat letztendlich wohl auch keinen Wert, Martin zuzumuten, daß er mit Gewalt in ein Heim zurückgebracht werden soll, wo man ihn nicht mehr haben will. Also beginnt die erneute Suche nach einem Platz für Martin. Die Eltern besuchen viele Heime, legen die Berichte über Martin vor, wie ein Spießrutenlaufen empfinden sie die Besuche oft, sie wissen ja auch von den anderen Eltern, die sie inzwischen kennen, daß es umso schwieriger wird, einen Heimplatz zu finden, je älter das „Kind" ist, daß es aber am allerschwierigsten ist, einen Platz für einen Patienten der Psychiatrie zu bekommen. Ein halbes Jahr fahren sie von Heim zu Heim, Christian fängt schon an, die Eltern anzuschreien, wenn sie die nächste Fahrt planen, so vernachlässigt fühlt er sich. Dann, nach vielen Gesprächen, Bitten, Zureden ergibt sich noch eine Chance: ein großes Heim, sogar nur eine Autostunde entfernt, nimmt Martin auf. So steht doch auch ihm der Neuanfang für sein Erwachsenenleben offen.

Emotionen und Affekte – was tun?

Im Zusammenleben mit Autisten beklagen wir, daß ein emotionaler und sozialer Austausch nicht so gelingt, wie wir es erwarten würden und befriedigend fänden. Dabei trifft es nicht zu, daß Autisten keine Gefühle ausdrücken. Ebenso wie bestimmte Verhaltensweisen erscheinen Gefühle und Affekte jedoch auffallend oft nicht zum bestehenden sozialen Kontext zu passen. Entweder können wir die Intensität eines Gefühlsausbruchs nicht nachempfinden oder wir finden keinen Zusammenhang mit der Situation oder Interaktion, die gerade stattfindet. Lächeln und Lachen, Weinen und Schreien, Ängste und Aggressionen (verbal und körperlich) sind oft nicht zu verstehen. Bei autistischen Menschen ist ein Gefühlsausdruck also vorhanden, er wird jedoch nicht kommunikativ eingesetzt. Die Empfänger der „Botschaft" können nicht verstehen, was Grund und Absicht für den Ausdruck oder auch Ausbruch von Gefühlen und Affekten sind.

Solche Auffälligkeiten können in der Öffentlichkeit, etwa im Restaurant, in Geschäften, in Bus oder Zug, zu unangenehmen Konsequenzen für die Angehörigen führen, denen oft Erziehungsfehler vorgeworfen werden. Die Belastung für Angehörige kommt von zwei Seiten: Sie müssen versuchen, den erregten Autisten zu beruhigen und sich gleichzeitig mit den Blicken und Kommentaren der Umstehenden auseinandersetzen. In solchen Situationen werden den Angehörigen Kompetenzen abverlangt, die eigentlich eine spezielle Ausbildung voraussetzen. Das Gleiche gilt in erhöhtem Maß für Situationen, die besonders schockierend sind wie etwa das Weglaufen, ohne daß Gefahren beachtet würden, oder aggressive Handlungen, seien sie auf Gegenstände, die eigene Person oder gegen andere Personen gerichtet.

Wir beobachten bei autistischen Jugendlichen häufig ein nicht nachvollziehbares und unerwartetes Umschlagen eines Gefühls in sein Gegenteil. Eine Zärtlichkeit, die beispielsweise durch sanfte Berührung ausgetauscht wird, kann von einem Augenblick zum anderen in aggressives Zupacken oder Beißen ausarten. Die Angehörigen erleben bei solchen Ereignissen hautnah und zutiefst verletzend die mangelnden Steuerungsmöglichkeiten autistischer Menschen und sind möglicherweise heftigen eigenen Gefühlen von Schreck, Angst und Zorn ausgesetzt.

Mit der Verarbeitung der eigenen Reaktionen in akuten Situationen, mit der Trauer und den Schuldgefühlen beim Gedanken an die Behinderung ihres Kindes und mit dem belastenden Unverständnis der Umwelt fühlen sich die Angehörigen weitgehend allein gelassen. Eine erfahrene psychotherapeutische Begleitung für die innere Stabilisierung und eine fachliche Unterweisung bei der Bewältigung akuter Probleme kann sehr nützlich sein, wenn die betroffenen Familien offen dafür sind. Manchmal scheint es jedoch schwer zu fallen, psychotherapeutische Angebote anzunehmen. Die Einstellung, daß keiner helfen kann und der Anspruch, alles allein bewältigen zu müssen, können im Wege stehen.

Es laufen viele unberechenbare und unvorhergesehene Prozesse ab, welche eine Unterstützung von Familien mit einem autistisch behinderten Angehörigen mehr oder weniger gut gelingen lassen. So scheint die Akzeptanz verschiedener Förderansätze unabhängig vom Nachweis ihrer Effektivität zu sein. Entsprechen die Rahmenbedingungen, die Vorgehensweise und die Sprache, die einer Methode den Bedeutungshintergrund gibt, nicht den Vorstellungen, den Sinnerwartungen und den emotionalen Bedürfnissen derer, die sie anwenden sollen, ist eine solche Förderung nur unzureichend vermittelbar. Am Beispiel der Verhaltenstherapie ist dieser Sachverhalt besonders deutlich zu erkennen. Die Verhaltenstherapie bietet gezielte Behandlungsansätze für bestimmte Verhaltensprobleme und stellt Förderprogramme für die Erweiterung des Verhaltensrepertoires eines autistischen Menschen zur Verfügung. Die Nützlichkeit dieses Ansatzes wurde vielfach wissenschaftlich geprüft und nachgewiesen. Das Ziel dieses Ansatzes ist das Umlernen, also ein Verlernen und Neulernen von Verhaltensweisen (z. B. Schreibman, 1988). Das umfangreiche Förderangebot kann besonders für Autisten hilfreich sein, da es ihren Bedürfnissen nach Einfachheit, Eindeutigkeit und Struktur entgegenkommt. Die oft beklagte Nüchternheit und Sparsamkeit dieses Ansatzes trägt bei zu den Lernbedingungen, die für Autisten günstig sind. Dagegen fällt es Angehörigen meistens schwer, sich in lerntheoretische Zusammenhänge hineinzudenken und sich dem Autisten gegenüber entsprechend zu verhalten. Um dies zu erleichtern, wurden Elterntrainings entwickelt. Die Akzeptanz eines solchen verhaltenstherapeutischen Programms hängt ganz stark davon ab, wie die lerntheoretischen Grundlagen und die Einsatzmöglichkeiten dieser Methode aufbereitet und vermittelt werden und in welcher Weise dabei auf die Bedürfnisse der Angehörigen eingegangen wird (Dirlich-Wilhelm und Maurer, 1994). Hier ist vieles verbesserungsbedürftig. Unbestritten bleibt, daß dieser Förderungsansatz Autisten helfen kann, ihr Selbstbewußtsein und ihr Selbstvertrauen zu stärken. Verhaltenstherapie vermittelt nicht nur Fertigkeiten, sondern fördert auch den Kontakt und die emotionale Beziehung autistischer Menschen zu ihrer Umwelt mehr als andere Ansätze, die zwar eine entspannte und ausgeglichene Atmosphäre schaffen, den Autisten aber passiv und unterfordert lassen.

Dirlich-Wilhelm, H. und Maurer, T. (1994). Die professionelle Therapeutenrolle und ihre Vermittlung. In: S. K. D. Sulz (Hrsg.). Das Therapiebuch. Erfahrene Therapeuten berichten, wie sie Therapie machen. München, CIP-Medien.
Schreibman, L. (1988). Autism. Sage Publications, Beverly Hills.

4

Autistische Kinder –
kindliche Erwachsene?

... Sie werden besondere Wohn-, Arbeits- und
Lebensbedingungen brauchen, die ihnen einen
schützenden Halt geben (Wing).

Pauls eigenes Reich

Abend ist es, 17 Uhr. Paul steht auf, dehnt sich ein
bißchen, gähnt. Dann geht er zum Meister und läßt sich
in sein Arbeitsheft eintragen: Zweihundert Federmäppchen hat er mit bunten Stiften gefüllt, eine gute Lei-
stung. Ja, Paul ist ein fleißiger Mitarbeiter in der Werkstatt geworden. Die Kollegen mögen ihn, er ist umgäng-
lich und lacht fröhlich mit bei ihren Erzählungen. „Du,
Herr Müller", sagt er am Feierabend, „jetzt geh' ich aber
noch zum Gitarrespielen!". Er bekommt wie an jedem
Abend seine Mark und holt sich eine Falsche Cola aus
dem Getränkeautomaten. Diese Rituale sind noch immer wichtig, er ist stolz darauf, so seine unmittelbare
Belohnung zu genießen.

Ja, Paul ist ein zuverlässiger Mitarbeiter in der Werkstatt für Behinderte geworden. Sein Meister kann auf
ihn zählen, die Geschwindigkeit und die Ausdauer, mit
der Paul arbeitet, bringt sonst keiner in seiner Gruppe
auf. Waren Sie schon einmal in so einer Werkstatt? Ich

glaube nicht, daß Sie einen großen Unterschied zu einer Werkstatt in der freien Wirtschaft sehen würden. Die Arbeiter sitzen in Gruppen um einen Tisch herum und füllen Federmäppchen für den Versandhandel. Eine andere Gruppe macht Rohrschellen und Halterungen für den Sanitärgroßhandel. Da hat jeder einen eigenen Arbeitsplatz an seiner eigenen Maschine. Freilich sind die Pausen etwas länger, die Menschen arbeiten nicht alle gleich schnell. Auch Paul kann Rohrschellen machen, dabei ist er sogar der fixeste von allen. Was er tut, tut er konzentriert und ohne Ablenkung.

Glücklicherweise ist ihm die Freude an der Musik aus seinen Kindertagen geblieben, er spielt in der Band seines Wohnheims mit Begeisterung. Er hat seine Hobbies wie jeder andere Erwachsene auch.

Sie können sich denken, daß bei Pauls stürmischem Temperament auch dieser Übergang ins Erwachsenenalter, das von ihm so heiß ersehnte „Großsein" nicht so einfach und gradlinig verlaufen ist. Paul lebt nicht mehr im Heim seiner Schuljahre, auch äußerlich hat eine Veränderung stattgefunden. Veränderungen sind für gesunde Menschen ein Streßfaktor, für autistische Menschen stellen sie immer eine besondere Belastung dar. Paul mußte sich von seiner geliebten Schule trennen, nach fünfzehn Schuljahren mit einem eingespielten Rhythmus war das für ihn eine Katastrophe. Noch fast fünf Jahre saß der Schmerz so tief, daß er den geliebten Lehrer nicht besuchen wollte, über ihn reden oder ihm Briefe schreiben, das konnte er, ja er mußte es lange. Tausende Mal hat er in dieser Zeit gefragt: „Warum darf ich nicht mehr in meine Schule gehen?" Die Antwort: „Du bist doch jetzt kein Kind mehr, Du bist doch ein erwachsener Mann!" konnte ihn nur wenig über den Verlust trösten. Auch der Umzug in ein neues Heim, ganz modern eingerichtet, endlich mit dem langersehnten Einzelzimmer, war zwar eigentlich willkommen, aber eben doch nicht mehr das Vertraute, Alte, Eingespielte. Paul, der in allen Schulpraktika anstellig und geschickt geholfen hatte, wollte sich nicht in das neue System „Berufsfindung" einfügen. Diese Berufsfindungszeit ist nun auch standardisiert, sie schreibt für alle jungen behinderten Berufsanfänger in einer beschützenden Werkstätte „WfB" eine Zeit vor, in der sie möglichst viel kennenlernen sollen, möglichst viele verschiedene Arbeitsabläufe, verschiedene Arbeitsplätze, verschiedene Ausbilder und Kollegen. Nichtautistische Menschen genießen diese Zeit oft, für autistische Menschen stellt sie eine riesige Überforderung dar.

Auf diese Überforderung reagierte Paul ganz logisch: mit einem gewaltigen Rückschritt. Er geriet wieder bei der kleinsten Gelegenheit außer sich, zerschmiß das Geschirr der Wohngruppe fast jede Woche einmal, zertrümmerte seine geliebte Gitarre, zerriß die Bettwäsche und natürlich seine gesamte Kleidung, griff die Betreuer laut schreiend an. „Jetzt muß ich mich aufführen", war seine ständige Drohung und sein ständiger Hilfeschrei an die Umgebung, das Chaos endlich zu beenden. Das Chaos wurde auch beendet, Paul bekam sein ruhiges Eckchen: Er wurde in die Psychiatrie eingeliefert. Fix und fertig rief mich seine Mutter damals an, die letzte Sackgasse schien ihr bevorzustehen. Die ganzen Ängste brachen erneut auf: Wie kann das weitergehen, wird er sein Leben als ruhiggestellter Automat in der Klinik verbringen? Sie wissen schon, das muß nicht sein und es mußte auch bei Paul nicht sein. Mit einer Ruhepause, mit einer vernünftigen Dosierung von Medikamenten, die ihm halfen, seine Übererregbarkeit wieder selbst in den Griff zu bekommen, kam er bald wieder zur Besinnung. Einige Monate brauchte er, mit konstantem Tagesablauf, mit vielen Spaziergängen weitab von Menschenmassen (die Mutter kam dreimal in der Woche die 150 km zu ihm gefahren und half ihm so über diese schwierige Zeit). Viele Gespräche mit dem Psychologen halfen ihm, den Abschied von der Schule und von seiner Kindheit besser zu verkraften und den Trost des „Erwachsenseins" wirklich als Befriedigung anzunehmen.

Beim zweiten Start ins Berufsleben hatten sich die Betreuer viele Gedanken gemacht. Paul durfte erst mal nur eine Stunde am Vormittag in die Werkstatt gehen, machte noch mit den anderen gemütlich Brotzeit, dann konnte er sich wieder in sein Zimmer zurückziehen. Nach ein paar Wochen fragte er plötzlich: „Warum muß ich nach der Brotzeit gehen?" Dann durfte er schon den ganzen Vormittag dableiben. Nun schafft er schon seit Jahren den ganzen Arbeitstag. Wenn er mal besonders schlecht drauf ist, fliegen manchmal noch ein paar Teller beim Frühstück. Dann darf er erst mal nicht zur Arbeit, und das ist ihm jetzt schon so hart, daß er sich bald energisch zusammenreißt und verkündet: „Ich führ mich jetzt nicht mehr auf". Dann darf er wieder an seine Arbeit und genießt sie so vergnügt wie später auch seinen Feierabend.

In der Wohngruppe hat er sein eigenes Reich, das ist ihm wichtig. Seine Spiele sind da, seine Bücher, seine Gitarre. Fast immer schafft er es, einen Ärger nur noch mit lautem Schimpfen abzureagieren, die Ängste der Betreuer vor dem „Gewaltmenschen" sind fast verschwunden. Ein Problem bedrückt Paul und seine Eltern noch sehr: Paul möchte so gerne eine Freundin. Er schwärmt oft seine Betreuerinnen an, ganz besonders, wenn sie lange blonde Haare haben. Dann möchte er sie so gern mal streicheln dürfen. Und er ist zu sehr „Mann", als daß die es fertigbringen würden, ihn mal kurz in den Arm zu nehmen. Mehr will er ja gar nicht, er ist dann glücklich, und wenn er doch mal Verständnis gefunden hat, strahlt er und erzählt tagelang, wie schön es war, daß er Beate über die Haare streicheln durfte. Es ist schade, daß die jungen Frauen nicht so leicht mal in die mütterliche Rolle schlüpfen können, zu groß ist ihre Angst vor sexuellen Übergriffen, als daß sie ihm ein Stückchen Zärtlichkeit gewähren könnten. Dafür braucht er noch immer die Mutter, und wenn er von den Eltern alle paar Wochen nach Hause geholt wird, sind ihm die alten Kindheitsrituale des Zubettbringens so wichtig wie in den Kinderjahren. „Zu Hause" darf er auch schleckern gehen, darf mit der Mutter zum Einkaufen und freut sich riesig, wenn ihn der Besitzer des kleinen Feinkostladens mit Namen begrüßt. „Du, Mutter, hast Du es gehört, der Herr Fischer hat mich begrüßt!"

Es war für die Eltern gar nicht so leicht, ihm sein „Zu Hause" zu erhalten. Sie sind mit Paul älter geworden und haben ein Stück mehr an Gesundheit einbüßen müssen, als das Eltern gesunder Kinder im Lauf der Jahre tun. Der Vater hat sich abgearbeitet, Paul war immer auch ein teures Kind. Wie viele Garnituren Bettwäsche, Kleidung hat er zerfetzt, gar nicht zu sprechen von den vielen Betten, die Paul zu Kleinholz verarbeitet hat, von den zertrümmerten Gitarren, den zerrissenen Gardinen. Das Geld dafür mußte hart verdient werden. In der Rezession hat er seinen Arbeitsplatz verloren. Er gilt als nicht belastbar, mit einem behinderten Sohn, der ihn bis an seine Grenzen belastet hat. Die einfachste Lösung wäre es gewesen, kürzer zu treten, das Haus zu verkaufen, sich mit einer kleineren Wohnung zufriedenzugeben. Aber – wie hätte Paul das verkraftet, nicht mehr in sein Zimmer nach Hause zu kommen, nicht mehr im geräumigen Dachboden sich austoben zu dürfen, nicht mehr nachts Gitarre spielen zu können, weil man auf die Nachbarn Rücksicht nehmen muß. Das mochten die Eltern Paul nicht antun, sie behielten das Haus, obwohl es für sie zu zweit eigentlich zu groß ist, so kann Paul im Urlaub und an den Besuchswochenenden weiter mit dem Vater im Keller schreinern, was er doch so gern tut, so hat er seine „Lebensbasis" ganz konkret behalten dürfen.

Er hat sich daran gewöhnt, daß er als erwachsener Mann nicht mehr so viel Urlaub hat, aber seinen Urlaub genießt er in vollen Zügen, und die Eltern sorgen dafür, daß diese Zeit nach seinen Wünschen verläuft. Paul darf ausschlafen, er bekommt einen jungen Betreuer-Freund an die Seite und darf mit dem zum Schwimmen, abends in die Disco, er tanzt doch so gerne. So hat er seine behütete Eigenständigkeit.

Für seine Grundbedürfnisse wird im Heim und in der Werkstatt hoffentlich immer gesorgt werden. Aber wie sieht es mit der Zukunft aus? Die räumliche Ablösung von den Eltern ist seit langem vollzogen. Die Sorge um Paul in Krisen, bei Schwierigkeiten, hat bisher niemand seinen Eltern abnehmen können. So treffen sie sich regelmäßig mit den anderen Eltern der autistischen jungen Erwachsenen im „Arbeitskreis Zukunftssicherung". Wer kann ihm Ansprechpartner bei Krisen werden, wenn die Eltern einmal nicht mehr können, wer sorgt für eine neue Gitarre, wenn er doch einmal seine Beherrschung

nicht hat bewahren können? Wer gestaltet ihm einen
Urlaub nach seinen Wünschen, wo er doch seine Wün-
sche noch immer nur schlecht formulieren kann. Die
Freude über den erwachsenen Paul ist immer mit Hoffnungen und Ängsten in Richtung Zukunft verbunden.

Sabine spielt so gerne Klavier

„Also in einem Büro bringen wir Sabine sicher nicht unter, dafür ist sie zu langsam", sagte der Berufsberater
beim Arbeitsamt. Er hatte ja recht, das war auch den Eltern klar. Aber muß man wirklich alle Schwächen eines
jungen Menschen vor seinen Ohren ausbreiten? Sabine
war entmutigt, als sie endlich die Tests hinter sich gebracht hatte und wieder zu Hause war. Dabei war sie
eigentlich ganz froh, denn sie hatte beim Besuch im
Arbeitsamt gesehen, daß da Frauen saßen, die mit Kopf-
hörern auf den Ohren vor dem Computer saßen und
Briefe schrieben. Das stellte sie sich schrecklich vor, ihr
Kopf war ja so berührungsempfindlich, sie konnte im
Winter kaum eine Mütze ertragen.

Wie konnte Sabine sich wieder beruhigen und sich
eine Freude machen? Am besten ging das mit Musik.
Schon lange spielte sie Klavier, Petra spielte Bratsche,
Ralf hatte mit der Geige angefangen. In der Geborgenheit
der Familie hatte Sabine keine Angst vor Fehlern, sie
spielte entspannt und zufrieden die vertrauten Stücke.

Einen Vorteil hatte die große Familie darüber hinaus
für Sabine: Bei sechs Familienmitgliedern gibt es immer
etwas im Haushalt zu tun. Die Mutter hatte Sabine von
Anfang an in alle Arbeiten einbezogen, so hatte sie ihr
Mädchen unter Aufsicht, und Sabine war eine willige

Helferin. Schnell war sie natürlich auch dabei nicht, aber die Mutter hatte es immer so eingerichtet, daß Sabine Arbeiten bekam, die nicht unter Zeitdruck gemacht werden mußten. Ein Hefeteig kann gemächlich gehen, Kartoffeln werden eben etwas weicher, wenn die Soße noch nicht fertig ist, was machte das schon.

Sabine war nicht darauf aus, aus dem Haus zu gehen, ihr war es am liebsten, in der Nähe der Familie zu sein. Jetzt stand die erste große Trennung bevor: Sabine sollte ins Internat, im Berufsbildungswerk, endlose hundert Kilometer weg von zu Hause. Da flossen erstmal bittere Tränen, aber es gab keine geeignete Ausbildungsstätte in der Nähe. Wenigstens in den von ihr geliebten und vertrauten Hausarbeiten sollte sie ausgebildet werden. Die anderen Mädchen in ihrer Gruppe waren alle lernbehindert, sie konnten kein Englisch, sie verstanden nichts von komplizierten Rechnungen. Aber wie selbständig die schon waren! Sie konnten sich ganz ohne Hilfe waschen, sie wußten, wo man eine neue Zahnpastatube kaufen muß, wenn die alte leer ist. Sie lachten sich kaputt, als Sabine die Gruppenleiterin fragte, was sie anziehen sollte. Und wie seltsam Sabine sich kleidete, sie hatte wohl von Mode keine Ahnung!

Dafür war Sabine unendlich gutwillig, wenn es etwas zu arbeiten gab. Sie drückte sich nie vor einer unangenehmen Pflicht, wie dem Abtrocknen oder dem Bettenbeziehen. Eine so eifrige Schülerin hatte es in diesem Berufsbildungswerk noch nicht oft gegeben. Sabine hielt sich an den Stundenplan, sie erledigte alle Arbeiten pflichtbewußt, kein Motzen und Meckern gab es, wie bei den anderen jungen Mädchen. Der Tag war durchstrukturiert, das kam Sabines Wünschen nach festem Halt sehr entgegen. Aber die Freizeit! Da wurde von den

Schülerinnen erwartet, daß sie sich selber beschäftigten. Es gab Angebote, man konnte töpfern oder in Gruppen ins Kino gehen. Dazu mußte man sich aber aus einem Aushang oder aus der Zeitung informieren, eine Entscheidung treffen, sich am angegebenen Treffpunkt zur richtigen Zeit einfinden. Damit war Sabine total überfordert. Sie hätte eine „Mutter" gebraucht, die ihr sagt: „Sabine, um 19 Uhr mußt Du am Haupteingang sein, zieh den festen Mantel an und nimm mindestens fünfzehn Mark mit. Ihr fahrt mit dem Bus, geht gemeinsam ins Kino, danach fahrt ihr mit dem Bus wieder zurück. Du mußt vorher Bescheid sagen, daß Du später zum Abendessen kommst." So hätte Sabine eine Chance gehabt, an Ausflügen teilzunehmen, in der Realität vereinsamte sie immer mehr. Es gab kein Klavier im Internat, an Discomusik hatte sie kein Interesse, die war aber das einzige, was im Gruppenraum aus dem Radio zu hören war.

Die Eltern versuchten immer wieder, über Autismus aufzuklären – es half nichts, sie rannten gegen eine Mauer aus Vorurteilen an. Ein achtzehnjähriges Mädchen hatte einfach nicht mehr so kindlich und von den Eltern abhängig zu sein! Je unglücklicher Sabine wurde, desto unerbittlicher versuchten die Gruppenleiterinnen, sie zur „Selbständigkeit" zu zwingen, sie hatten Sabines Behinderung als Verwöhnung mißverstanden. Sabine ließ sich von den anderen jungen Frauen als Laufmädchen mißbrauchen, die Erzieherinnen schützten sie nicht, sie sollte eben „aus Erfahrung lernen, daß das nicht geht".

Ausflüge ins Schullandheim waren Sabine schon immer ein Greuel gewesen, war doch ihre gewohnte Ordnung außer Kraft gesetzt. Auch in der Ausbildung sollte für die Mädchen eine „Klassenreise" stattfinden. Sie war als Belohnung für die ersten Ausbildungsmühen gedacht. Damit es nicht so langweilig war, hatten sich einige Gruppen zusammengeschlossen, junge Mädchen und junge Männer gemischt. Einige der Jungen hatten schon gehört, daß da in Gruppe 4 so eine seltsame Person war. Sie merkten, daß Sabine ihnen in kindlichem Vertrauen auch noch die törichtesten Aufschneidereien glaubte. Das stachelte sie zu immer neuen Versuchen auf. An einem Nachmittag erzählten zwei von ihnen Sabine, daß im Keller ein Käfig mit Meerschweinchen stünde. Meerschweinchen, dichtes weiches Fell! Sabines Augen leuchteten, arglos kam sie mit. Als dann gar keine Meerschweinchen zu sehen waren, als die Jungen ihr energisch befahlen, sich auszuziehen, war Sabine vor Schreck wie gelähmt. Gehorsam fing sie an, sich in ihrer umständlichen Art auszuziehen. Glücklicherweise kam ein Lehrer in diesem Augenblick dazu, so konnte er Sabine schützen. Aber den Eltern war klar, in dieser Umgebung war Sabine zu stark gefährdet. Die Voraussetzung, daß die jungen Menschen zwar etwas länger zum Lernen brauchen, aber eben sonst doch „erwachsen, in der Lage für sich selbst zu sorgen" waren, traf auf Sabine einfach nicht zu.

Wohin aber mit Sabine? In anderen Ausbildungsstätten waren die Bedingungen ja die gleichen. Schließlich fand sich ein Ausweg: Sabine sollte in der Küche einer Werkstatt für Behinderte als Küchenhilfe eingestellt werden. Das gefiel ihr gut, denn sie machte ja alle Haushaltsarbeiten gern. Sie arbeitete freudig und äußerst genau. Gerade das aber machte die Sache so schwierig. In einer Großküche müssen eben die Menschen im Team zusammenarbeiten, Sabine schaffte das Tempo nicht. Die Zwiebeln für den Hackbraten hatte sie noch nicht geschnitten, als schon alle ungeduldig darauf warteten, der Salat war sicher noch nie so gründlich geputzt worden, die Kartoffeln so sorgfältig geschält. Aber was brachte das schon, wenn das Essen auf diese Weise nicht rechtzeitig auf den Tisch kam? Sabine spülte auch so sorgfältig – alle wurden daneben ungeduldig. Nach ein paar Wochen waren sich alle klar: Auch diese Arbeit war für Sabine nicht das Richtige. Nun blieb noch die Werkstatt für Behinderte. Sabine mit ihrem Realschulabschluß schien da am falschen Platz zu sein. In gewisser Weise ist sie das auch. Sie liest gerne, beschäftigt sich mit antiker Baukunst, hat „geistige Interessen", für die sie bei ihren geistig behinderten Arbeitskollegen kein Verständnis findet. Sie kann gut sprechen, aber das nützt ihr noch immer wenig, denn sie hat auch jetzt noch kaum ein Gespür dafür, wann welches Thema angebracht ist. So platzt sie in Unterhaltungen unvermittelt hinein, macht Bemerkungen, die keiner versteht, weil sie ohne Zusammenhang kommen. Die Familie bringt die Geduld auf, dann nachzufragen. Für die selbst behinderten Kollegen ist das zu viel verlangt. So konzentriert sich Sabine wieder ganz auf ihre Angehörigen. Petra studiert inzwischen, sie wird bald wegziehen müssen. Ralf hat einen ausgedehnten Freundeskreis. Die Eltern fördern das, sie wollen nicht, daß er mit seiner Schwester zu Hause hocken bleibt. So sind sie wie in der Kleinkinderzeit wieder zu Sabines wichtigsten Bezugspersonen geworden. Das macht ihnen große Sorgen. Auch Sabine müßte eigentlich in ein Heim, wo sie unter ihre Generation kommt. Sabine wehrt sich dagegen mit Händen und Füßen, sie hat mit ihren Altersgenossen ja meist schlimme Erfahrungen gemacht. Wie soll auch die richtige Umgebung für Sabine aussehen? Sie ist im lebenspraktischen Bereich, in der Fähigkeit, ihren Alltag selbst zu gestalten, so hilfsbedürftig, daß nur ein Heim für geistig behinderte Menschen in Frage kommt, nur da ist eine Betreuung rund um die Uhr gewährleistet. Andererseits hat sie aber Interessen, sehnt sich in einer Weise nach Ansprache, daß sie auch in einem solchen Heim wohl kaum Zugang zu ihren behinderten Altersgenossen finden würde. Sabine spielt so gerne Klavier – wie können die Eltern erreichen, daß sie auch später noch diese Freude hat? So sitzen auch sie in unserer Runde im Arbeitskreis „Zukunftssicherung", und wir zerbrechen uns die Köpfe in der Suche nach Lösungen, die ihnen die Sorgen um Sabines weiteres Leben erleichtern können.

Unser Mitarbeiter Gerhard N.

„Bitte haben Sie Verständnis, solche Unternehmungen überfordern mich, ich bleibe lieber im Büro", sagt Gerhard höflich zu seinem Chef. Die geplante Unternehmung ist der alljährliche Betriebsausflug. Der wäre für Gerhard eine Strapaze, er arbeitet lieber. Gerhard ist technischer Zeichner in einem großen Ingenieurbüro bei den Stadtwerken. Er ist bekannt für seine Zuverlässigkeit, und so sehen ihm die Kollegen auch manche seiner „Macken" nach, wissen sie doch, daß sie sich ganz und gar auf seine Hilfsbereitschaft verlassen können. Er drückt sich vor keiner Aufgabe, er ist stets pünktlich, das autistische Regelwerk, das ihm noch immer hilft, den Alltag in eine Struktur zu bringen, macht ihn zu einem geschätzten Mitarbeiter. Nach der Arbeit geht Gerhard zu seinem Auto, er fährt nach Hause.

Vor fünfzehn Jahren hätte Gerhards Mutter eine solche Schilderung als Spinnerei, als unrealistischen Wunschtraum empfunden. Aber heute ist dieser Alltag zur Realität geworden. Gerhard hat sich trotz seiner extremen Schwierigkeiten in der Kindheit zu einem ruhigen und selbstbewußten Erwachsenen entwickelt. Ich staune immer wieder, mit welcher Reife und Selbstverständlichkeit er sein Leben jetzt meistert. Er wohnt noch bei seiner Mutter und er ist sich bewußt, daß er in manchen Fragen des Lebens noch auf Hilfe angewiesen ist. Er hat gelernt, das nicht mit Kaspereien oder Verleugnung der Probleme zu überspielen, sondern er kommt und bittet um Hilfe. Das ist eine Einsicht, die vielen gesunden jungen Erwachsenen abgeht, Gerhard, der Autist hat sie.

Er hat sich diesen Erfolg hart erkämpfen müssen. War es schon ein harter Schlag, daß er trotz seiner Begabungen ausgerechnet im Fach „Deutsch" in der Schule scheitern mußte, kam dann eine absolut frustrierende Suche nach einer Ausbildungsstelle dazu. Der Berufsberater im Arbeitsamt konnte sich unter frühkindlichem Autismus überhaupt nichts vorstellen. „Was heißt hier frühkindlich, wir beraten doch keine kleinen Kinder", war seine erste unwirsche Reaktion. Er kannte sich mit Körperbehinderung aus, verstand etwas von behindertengerechtem Umbau eines Arbeitsplatzes, aber so einen seltsamen Kandidaten wie Gerhard hatte er noch nie vor Augen gehabt. Einen Ausbildungsplatz zu vermitteln, wo man dem Lehrling möglichst alle Anweisungen schriftlich geben sollte, das war ihm noch nie untergekommen. Wieso sollte er diesem so gesund wirkenden jungen Mann eigentlich überhaupt eine Extrawurst braten? Dann hatte die Mutter noch erklärt, man müsse Gerhard möglichst einen etwas abgegrenzten Platz von den anderen geben. Da wurde er erstmal richtig sauer. Diese Mutter! Wie konnte sie überhaupt so einen großen Sohn noch überall hinbegleiten, der Junge brachte ja oft gar kein Wort heraus und ließ die Mutter für sich reden! Er holte den Psychologen der Berufsberatung zu Hilfe und erwartete, daß der ihm diese überbesorgte Frau vom Hals schaffen würde. Glücklicherweise für Gerhard war dieser Psychologe nicht so ahnungslos. Er wußte, daß autistische Menschen eine längere Anlaufphase brauchen, daß ihnen auch im Erwachsenenalter ihre Veränderungsängste zu schaffen machen. Er sprach mit beiden, mit Gerhard und der Mutter und konnte sich so besser ein Bild von Gerhards Stärken und Schwächen machen. Er sorgte tatsächlich für einen „ruhigen" Arbeitsplatz und suchte sich einen älteren Mann in der Abteilung aus. Dem gab er genaue Ratschläge, wie Gerhard am besten lernen konnte, sich in der neuen Situation zurechtzufinden. Dieser Kollege wurde Gerhards guter Geist. Er beruhigte die anderen Kollegen, wenn Gerhard sich am Anfang vor Aufregung öfter mal in die Handgelenke biß. Er ging wochenlang mit Gerhard in die Kantine und zeigte ihm genau, wie man sich dort das Essen auswählen und bezahlen mußte. Er zeigte ihm die Nichtraucherecke, denn Gerhard litt noch immer unter seiner extremen Geruchsempfindlichkeit.

Am Anfang wollten die jungen Kollegen Gerhard oft auslachen, wenn er in seiner pedantischen Art erstmal morgens alle Zeichengeräte zurechtlegte. Aber allmählich bekamen sie Respekt vor ihm. Wenn Gerhard etwas verstanden hatte, dann saß das bombenfest. Er lieferte nie eine unordentliche Zeichnung ab, er hatte nie einen Fehler in seinen Listen. Dabei war er so gutmütig und

hilfsbereit, daß ihn sein väterlicher Beschützer oft er-
mahnen mußte „Gerhard, laß Dich nicht ausnutzen!
Die anderen haben auch gesunde Füße, die können sich
ihre Cola auch selber holen!" Oft hatte Gerhard tatsächlich Schwierigkeiten, den Anweisungen der Ausbilder
zu folgen. Abends ackerte er sich dann mit Hilfe seiner
Mutter durch die schriftlichen Unterlagen. Aber auch
das wurde besser, Gerhard mit seinem ausgezeichneten
Gedächtnis wurde zur begehrten Stütze seiner Kurska-
meraden. Sie gewöhnten sich daran, daß er täglich um
10 und um 15 Uhr das Fenster jeweils für 10 Minuten
öffnete, sie erlebten mit, wie Gerhard ihnen eines Tages
stolz erklärte, daß er sich auf Grund des Wetterberichts
selbst seine Kleidung herausgesucht hatte.

Als er 22 Jahre alt war, ging Gerhards größter Wunsch
in Erfüllung: Er machte den Führerschein. Erst mal
regte er sich schrecklich auf, als die Behörden von ihm
eine besondere Gesundheitsuntersuchung verlangten.
Dann freute er sich umso mehr. Er konnte alle Tests
bestehen, sein EEG hatte sich im Lauf der Jahre voll-
ständig normalisiert, er bestand die Prüfung auf Anhieb.
Eigentlich ist das ja auch logisch, der Straßenverkehr ist
durch strenge Regeln geordnet. Regeln sind für Gerhard
aber keine Last, sondern eine Stütze im Alltag. Nun
fährt er schon seit Jahren mit seinem Auto. Obwohl er
ja auch ein Fan des „Öffentlichen Nahverkehrs" ist, genießt er seine Unabhängigkeit und ist stolz auf seine
Fahrkünste. Selbstverständlich hat er noch nie ein Straf-
mandat bekommen, er hält sich ja an die Regeln. Einen
zweiten Vorteil hatte der Führerschein: Gerhard bewegt
sich seitdem auch auf dem Bürgersteig viel sicherer. Früher war er oft mit anderen Menschen zusammengesto-
ßen, er beachtete sie zu wenig. Nun hat er gelernt, seine

Regeln auch auf Fußgänger anzuwenden und siehe, es klappt prima.

Im Urlaub treibt Gerhard viel Sport, er ist ein begeisterter Skifahrer, er ist auch ein willensstarker Läufer und macht gerne bei Marathonläufen mit. So hat er gelernt, seine früher ziellose Überaktivität in sinnvolle und befriedigende Bahnen zu lenken. Im Urlaub unternimmt Gerhard auch ausgedehnte Reisen, sei es mit seinem Auto, sei es mit der Bahn. Er schreibt mit Eifer Briefe an seine Freunde und besucht sie regelmäßig. Ja, Sie haben gerade ganz richtig gelesen: Gerhard hat Freunde. Einige hat er durch seinen Sport kennengelernt, die meisten sind autistische Menschen wie er selbst auch. Ich habe es in Hamburg, 1988 auf einem Kongreß über Autismus miterlebt, wie sich eine Gruppe autistischer Erwachsener zum ersten Mal getroffen hat. Alle trieb der selbe Wunsch: Sie wollten Menschen kennenlernen, die ihnen gleichen. Sie freuten sich am Austausch, sie freuten sich, von Erlebnissen zu erzählen und zu hören. Als einer berichtete, daß er auf einer Baustelle die Hammerschläge gezählt hatte und die Zahl auch noch wußte, da nickten alle verständnisvoll. Aus diesem ersten Treffen hat sich ein Netzwerk der gut sprechenden autistischen Erwachsenen entwickelt, das ihnen allen wichtig ist. Sie sind disziplinierte Gesprächspartner, ich habe noch nie erlebt, daß einer einen anderen einfach unterbrochen hätte, sie halten sich an die Regeln! Manchmal ist es nicht ganz einfach, wenn einer einen sehr langen Monolog hält, aber sie schaffen es, miteinander auszukommen. Gerhard ist ungeheuer hilfsbereit, wenn einer dabei ist, der zum Beispiel nicht so verkehrssicher ist wie er. So können sie auch lange Ausflüge machen und Tage miteinander verbringen.

Als Gerhard 20 Jahre alt war, bekam er ein Buch über Selbstbehauptungstraining in die Hände. „Mutter, das ist etwas, was mir fehlt", stellte er fest, „das will ich lernen." Konsequent, wie er ist, suchte er sich einen Psychiater, der ein verhaltenstherapeutisches Training zur Selbstbehauptung anbot. Sicher hat er selten einen eifrigeren Teilnehmer gehabt als Gerhard. Das Ergebnis kann sich auch sehen lassen. Gerhard hat gelernt, sich nicht mehr „die Butter vom Brot nehmen zu lassen" (ein Ausdruck, der ihn zehn Jahre früher allein wegen des Sprachbildes in Verwirrung gestürzt hätte). Er ist noch immer gutmütig, aber er kann sich auch dagegen wehren, daß ihn einer ausnutzt. Das kann er in höflicher Form tun, er muß nicht schreien oder gar ausflippen und um sich schlagen, wie es schwerer beeinträchtigten autistischen Menschen oft geht. „Ach, der ist doch nur leicht behindert", hat seine Mutter häufig gehört. Das ist ein Irrtum, Gerhard ist nicht „leichter" behindert als z. B. Martin oder Paul, er kann aber inzwischen besser seine Schwierigkeiten kompensieren. Daß er dafür viel Kraft braucht, sehen die Außenstehenden nicht. Er ist autistisch, so wie ein blinder Rechtsanwalt trotz seiner beruflichen Erfolge immer noch blind ist.

Ein autistischer Teilnehmer hat dies auf einer Podiumsdiskussion sehr treffend ausgedrückt: „Die Probleme entstehen, wenn die Leute – auch Vater oder Mutter – nicht wissen, was Autismus ist. Meine Mutter hat 1973 einmal eine Radiosendung gehört, in der darüber berichtet wurde. Hoppla, hat sie gesagt, so ist der Alfons auch, aber seit 1974 weiß ich erst, daß ich Autist bin und daß man seine Lebensweise dementsprechend umstellen muß. Das kann man vergleichen mit einem Rollstuhlfahrer, für den man die Wohnung auch entsprechend ändern muß oder wenn einer taub ist, muß man sich auch entsprechend anders verhalten. So ist es mit dem Autismus auch ... Man kann das auch vergleichen mit einem Amputierten, der eine Prothese braucht. Das ist auch ein Hilfsmittel, eine Ersatztechnik ... Autistische Menschen entwickeln eigene Fähigkeiten und Strategien, das ist zwar in einer Weise ein Nachteil, in anderer Weise hat es den Vorteil, daß sie so durch das Leben kommen, so können sie systembedingte Lücken füllen. Sie kennen oft nur Namen, Vorschriften, feste Prinzipien und haben kein willkürliches Fingerspitzengefühl. Nur durch Lernen können sie Pannen und größere Katastrophen vermeiden."*

Dieser Teilnehmer hat das geschafft, was auch Gerhard erreicht hat: ein selbstbestimmtes Leben, in dem er sich mit seinem ganzen Wesen auch selbst annehmen kann.

Therapeutische Arbeit für Martin

Seit fünf Jahren lebt Martin jetzt schon in seiner Gruppe, vorsichtig, eher neben den anderen behinderten Männern als mitten unter ihnen hat er seinen Platz gefunden. Er ist einer der jüngsten, es gibt nicht so viele Reibereien, weil die anderen fast alle ruhige, ältere Menschen sind. Auch bei behinderten Menschen sind die älteren eher tolerant, lassen Martin seinen notwendigen Freiraum. Wenn ihm der Trubel zu viel wird, kann er sich in sein schönes großes Zimmer zurückziehen. Zum

---

* Tagungsbericht Bundesverband Hilfe für das autistische Kind, 7. Bundestagung 1991.

Glück lebt er in einem Altbau, manchmal etwas unpraktisch, aber mit viel Platz, hohen geräumigen Zimmern. Das ist für Martin sehr wichtig, er fühlt sich leicht eingeschlossen und wird dann um so unruhiger. Der breite Flur ist mit Pflanzen unterteilt, die sich an Balken hochranken, er hat Nischen und gemütliche Sofas in einem Winkel. So kann Martin sich in eine Ecke kuscheln und am Gruppenleben teilnehmen, ohne mittendrin zu sein. Seine Gruppenleiterin legt Wert darauf, daß die Bewohner eine schöne Umgebung haben. „Es ist bei allen Menschen so, je schöner es ist, desto weniger geht kaputt", ist ihre Einstellung. Sie hat recht mit ihrem Vertrauen. Sogar eine Glasvitrine mit hübschen Vasen und geschnitzten Holztieren hat sie im Wohnzimmer aufgestellt. Selbst der ungestüme Martin genießt offensichtlich die schöne Atmosphäre, noch nie ist eines der bewunderten Stücke zu Bruch gegangen.

Sein Zimmer ist eher sparsam eingerichtet, ein festes Kiefernholzbett, ein stabiler Schrank, ein Sessel zum gemütlichen Faulenzen. An der Wand ist eine große Sonnenblume aufgemalt und Martin beruhigt sich oft, wenn er die in Ruhe betrachtet. Unmißverständlich kann er auch heute noch unerwünschte Gegenstände behandeln. Er kann sich nicht mit Sprache verständigen, so hat er seine eigenen Wege gefunden, seinen Willen auszudrükken. In der Pubertät hatte er genau wie Paul eingekotet, alles verschmiert. Das ist glücklicherweise schon lange kein Thema mehr. Als ihm allerdings ein Teppich nicht gefiel, hat er seine alten Unarten wieder aktiviert, der Teppich mußte nach kurzer Zeit weggeschmissen werden und Martin war offensichtlich hochzufrieden.

Arbeitslos zu sein ist für keinen Menschen ein erwünschtes Schicksal, auch für Martin nicht. „Therapeutische Arbeit", darunter können sich viele nichts vorstellen. Die Grundeinstellung dahinter ist folgende: Jeder Mensch möchte im Rahmen seiner Fähigkeiten gefördert und gefordert werden. Menschen mit einer so schweren Behinderung wie Martin können die Normen des normalen Erwerbslebens nicht erfüllen. Der Rahmen aus ganz bestimmten Arbeiten, die regelmäßig in bestimmten Zeiten erbracht werden müssen, überfordert sie total. Da also Martin nicht an einen Arbeitsrahmen angepaßt werden kann, wird die Arbeit an Martin angepaßt. Er geht morgens nach dem Frühstück mit seinem Betreuer „zur Arbeit". Die ist abwechslungsreich und hilft, Martins ungestüme Kraft in Bahnen zu lenken. Oft wird er eingesetzt, wenn es etwas zu tragen gibt. Den Bus nach einem Großeinkauf ausladen und alles in die Küche über die unpraktischen Altbautreppen schleppen, das ist zum Beispiel so eine sinnvolle Arbeit, und Martin macht auch bereitwillig mit. Manchmal arbeitet er auch in der Gärtnerei, schleppt die schweren Säcke mit der Pflanzerde. Ausflüge in den Wald liebt er, er hat schon mitgeholfen, mit einer schweren Doppelsäge Bäume fürs Fällen vorzubereiten. Mit einer Kiepe auf dem Rücken kann er Holz sammeln, er sieht, daß das dann in der Gärtnerei zum Heizen der altmodischen Öfen seinen Zweck erfüllt. Hier ist er motivierbar, und wenn er mal eine Pause mit ziellosem Herumlaufen eingelegt hat, ist er dann doch bereit, seine Arbeit wieder aufzunehmen. Vielleicht wird er es eines Tages auch schaffen, wie Paul eine dauerhaftere Arbeitsstelle auszufüllen. Seine Eltern hoffen es, denn erst dann hätte Martin wie alle regulären Werkstattarbeiter eine eigene Rentenversicherung, ein Stück der allen Eltern am Herzen liegenden Zukunftssicherung. „Was ist, wenn wir nicht mehr können?" diese Frage beunruhigt auch sie. Der Bruder Christian soll nicht als „Betreuer" eingespannt werden, er empfindet auch so seine Verantwortung für Martin. Er soll ganz der Bruder bleiben dürfen und nicht mit mehr Sorge belastet werden, als Geschwister auch sonst füreinander tragen. Wer wird Martins Fürsprecher sein, wenn ein neuer Mitarbeiter in die Gruppe kommt, wenn die Gesetze womöglich so geändert werden, daß keine Nischen wie die für Martin mehr finanziert werden? Martin kann sich ja nicht selbst wehren, er ist immer auf Hilfe angewiesen. Das fängt bei den alltäglichen Grundbedürfnissen an, dem Waschen und Anziehen, beim Essen (von der Zubereitung gar nicht zu reden). Er konnte bis vor wenigen Monaten ja nicht einmal Schmerzen mitteilen. Sich selbst Hilfe holen kann er immer noch nicht, aber er kann seit kurzer Zeit wenigstens mit Hilfe auf Fragen antworten. Leicht ist auch das nicht, er braucht einen Menschen, der ihm die Hand stützt, dann kann er inzwischen seinen Zeigefinger gezielt dazu benutzen, auf etwas zu zeigen. Sie meinen, das kann doch jedes kleine Kind? Wenn dieses Kind gesund ist, haben Sie recht. Behinderte Menschen können es oft nicht, autistische Menschen haben damit häufig große Schwierigkeiten. Martin kann inzwischen selbständig mit der ganzen Hand auf einer festen Wandtafel in seiner Gruppe deuten. Wenn er aufspringt und auf „Durst" klopft, bekommt er etwas zu trinken. Das ist für ihn ein Riesenfortschritt, bisher konnte er nur durch Unruhe, durch Wedeln mit den Armen „zeigen", daß ihm etwas nicht paßt. Zu Hause hat er eine Betreuerin, die mit ihm „schreibt", die ihn so am Handgelenk stützt, daß er auf einer Buchstabentafel oder auf einer Schreibmaschine auf Buchstaben deuten kann. Erstaunlicherweise hat sich dabei herausgestellt, daß er die Buchstaben kennt, und daß er Wörter schreiben kann. Seine Konzentration reicht noch immer nicht weit, oft muß er noch mitten im Wort aufspringen und erst mal im Raum herumlaufen, bis er weitermachen kann. Das nervt ihn selbst, aber er kann es nicht ändern. So ist auch diese Art der Verständigung alles andere als einfach, es lohnt sich aber, wenn man bedenkt, welche Freude es für die Familie bedeutete, als Martin sich im letzten Jahr zum ersten mal in seinem Leben etwas zu Weihnachten wünschen konnte. Als er dann glücklich strahlend seinen neuen Anorak an sich drückte und im gewünschten Tierbuch blätterte, freuten auch sie sich wie die Könige.

Besonders wichtig ist diese neue Fähigkeit, wenn es um die unmittelbaren Grundbedürfnisse geht. Martin wurde vor ein paar Wochen immer blasser und unruhiger, er fing wieder an, Betreuer zu kratzen. Keiner wußte, was nun los war, bahnte sich womöglich eine neue Krise an? Schließlich fragte ihn Christian mit der Buchstabentafel und Martin tippte „Bauchschmerzen". Eilig ging es zum Arzt und der stellte fest, daß Martin eine schmerzhafte Magenschleimhautentzündung hatte. Nun geht es wieder aufwärts, wo man den Grund kennt, kann man auch helfen. Wir hoffen alle, daß Martin noch lernt, selbst zu zeigen, daß er etwas mitteilen möchte. Dieser Weg der Kommunikation ist für einen autistischen Menschen offenbar besonders schwierig. Auch sprechende autistische Kinder teilen ja oft nicht mit, was sie wollen, sondern müssen gefragt werden, warum sie so unruhig sind.

Erinnern Sie sich an Martins Klinikaufenthalt? Er mußte auf einer geschlossenen Station untergebracht werden, auch im Heim ist er auf einer geschlossenen Station. Warum ist das wohl nötig bei einem jungen Mann, der doch so oft „raus" darf, der in die Gärtnerei gehen kann, in den Wald, der ein nützlicher Helfer beim Koffertragen oder Getränkekistenschleppen ist? Die Eltern zweifelten schon am Sinn dieses Abschließens, Martin hatte sich doch so gut entwickelt. Im letzten Winter mußten sie drastisch merken, daß Martin diesen Schutz noch braucht. Er hatte mit seiner Gruppe am Fernseher das Skispringen verfolgt, auch zu Hause in den Weihnachtsferien fand er das offensichtlich hochinteressant. Dann war er am Nachmittag einmal fünf Minuten unbeaufsichtigt im Wohnzimmer und da passierte das Unglück: Martin öffnete das Fenster und sprang vom ersten Stock hinunter auf die Terrasse. Er hatte Skispringen wollen. Zum Glück hatte sein vielbeschäftigter Schutzengel wenigsten soweit aufgepaßt, daß Martin nur einen einfachen Knöchelbruch hatte und ein paar Prellungen. Das hätte weiß Gott schlimmer ausgehen können, und so ist die Familie dankbar, daß er im Heim vor solchen Unfällen geschützt wird.

Christian ist inzwischen auch ein junger Mann geworden. Er wirkt oft ernster, reifer als seine Altersgenossen. Für ihn war es keine Frage, daß er seinen Zivildienst in einer Einrichtung für Behinderte abgeleistet hat. Viel Anleitung brauchte er nicht, er hatte schließlich genug eigene Erfahrung angesammelt. Nun hat er ein Medizinstudium angefangen. Sicher ist er durch Martin geprägt, hat er sich Gedanken gemacht, die für seine Mitstudenten noch in weiter Ferne liegen. Seine erste Freundin hat er durch Martin verloren, sie wollte mit dem „doofen" Bruder nicht in Kontakt kommen, hatte Bedenken, daß auch Christian womöglich einmal ein autistisches Kind bekommen könnte. Die Angst vor der Vererbung steckt vielen Menschen in den Gedanken. Wir hätten die junge Frau beruhigen können, die Geschwister autistischer Kinder haben kein erhöhtes Risiko, selbst autistische Kinder zu bekommen. Doch in einer Zeit, wo sich bei vielen Menschen der Gedanke festgesetzt hat, daß Gesundheit „machbar" sei, daß man sich vor jedem Risiko durch genügend Vorsorge schützen könne, brechen viele irrationale Vorurteile erneut auf. Christian hat den Schmerz über diese Enttäuschung überwunden, er hat auch Verständnis für solche Ängste. Aber er läßt sich davon auch nicht kleinkriegen, weiß er doch, daß er nie hätte geboren werden können, wenn sich seine Eltern von den Ängsten, noch ein behindertes Kind zu bekommen, hätten entmutigen lassen. Er hat oft mit anderen Geschwistern autistischer Kinder darüber diskutiert, wie sich die Behinderung auf ihr Leben ausgewirkt hat. Alle hatten es nicht leicht, aber sie sind auch an ihren Aufgaben gewachsen. Die Familien insgesamt führen ihr Leben sicher bewußter als ganz „normale Familien", sie wissen auch, welche Freuden sich hinter der schwarzen Wand „Behinderung" auftun können.

Das Erleben der autistischen Behinderung

Etwa ein Viertel aller Autisten haben ein mindestens durchschnittliches Intelligenzniveau. Die autistischen Eigenarten der Wahrnehmung und Informationsverarbeitung mit ihren Auswirkungen auf das alltägliche Handeln sind auch hier zu beobachten. Diese autistischen Menschen sind fähig zur Beobachtung, Reflektion und sprachlichen Beschreibung ihrer Wahrnehmungsprozesse, ihrer Schwierigkeiten bei der Integration verschiedener Wahrnehmungsaspekte und ihrer mangelnden Affektsteuerung. Sie stellen in vielen Situationen fest, daß sie ihre Umwelt, vor allem die sozialen Zusammenhänge nur unzureichend verstehen und dort nur mangelhafte Fertigkeiten im Vergleich zu anderen besitzen. Das Bemerken der eigenen Andersartigkeit führt zu unbeantwortbaren Fragen nach der Verursachung der Behinderung und danach, wie diese zu beheben ist. Die ständig erlebte Beschränkung und die Mißerfolge vor allem bei sozialen Interaktionen lösen Gefühle von Minderwertigkeit, Trauer, Einsamkeit und Verzweiflung aus. Viele Autisten sind entweder nicht geschickt genug, sich den gewünschten Trost und die Zuwendung anderer zu holen oder sie können auf Grund ihrer Eigenart nicht ausreichend davon profitieren.

Autismuserfahrene Psychotherapeuten können für autistische Menschen in der Auseinandersetzung mit ihrer Behinderung eine große Hilfe sein. Dabei muß eine durchschnittliche intellektuelle Begabung nicht unbedingt vorausgesetzt werden. Auch unterdurch-

schnittlich Begabte können von einer psychotherapeutischen Begleitung profitieren: Die aus der Behinderung erwachsenden emotionalen und sozialen Probleme können besser verarbeitet werden und es können Wege gefunden werden, mehr Selbstvertrauen und Selbstsicherheit aufzubauen.

Autismus ist eine schwerwiegende Entwicklungsstörung, deren Erscheinungsbild sich im Laufe des Lebens eines Autisten wandelt. Alltagsprobleme wie etwa beim Anziehen, beim Essen, bei der Hygiene, nehmen ab, die Sprache verbessert sich, Stereotypien verändern sich. Günstige Entwicklungen sind durchaus möglich, besonders mit entsprechender Förderung und Therapie. Trotzdem bleiben massive Einschränkungen in der Kommunikationsfähigkeit, bei sozialen Interaktionen und im lebenspraktischen Bereich. Die Komplexität des Alltags mit der Notwendigkeit immer neuer Entscheidungen, verlangt Flexibilität und Anpassungsfähigkeit. Das stellt für die meisten Autisten eine nur schwer zu bewältigende Aufgabe dar. Eltern und Angehörige wissen auf Grund ihres jahrelangen Zusammenlebens mit einem autistischen Kind, Heranwachsenden und jungen Erwachsenen, daß sie dieses Kind nie ohne Sorgen in die Selbständigkeit entlassen können so wie andere Kinder, die irgendwann aus dem Haus gehen, einen Beruf ergreifen, eine Familie gründen und ihr eigenes Leben führen. Mit Autisten wie mit anderen Behinderten ergibt sich kein natürlicher Prozeß der Ablösung zwischen Eltern und Kind. Auch bei wachsender Selbständigkeit bleiben Autisten angewiesen auf eine wohlwollende Umgebung. Ein hoher Grad an Abhängigkeit bleibt bestehen. Es bleiben Sorgen über die Zukunft des Kindes, wenn die Eltern einmal nicht mehr da sind. In den vielen Fällen, in denen die Entwicklung von Eigenständigkeit limitiert ist, stellt sich eines Tages die Frage nach den Grenzen des möglichen Zusammenlebens in der Familie. Die Unterbringung in einem Heim oder in Wohngemeinschaften garantiert aber auch keine innere Ablösung zwischen Eltern und ihrem autistische Kind, sondern bedeutet vielmehr das Erlebnis von immer wiederkehrenden Trennungen (z. B. bei Besuchen) mit den damit verbundenen Konflikten und Gefühlen. Eltern wie Kinder leiden darunter.

Zu den großen äußeren Belastungen, mit denen sich Familien mit autistischen Kindern auseinandersetzen müssen, kommen also nicht minder belastende innere Konfliktsituationen und psychisch-körperliche Prozesse, die oft von den Betroffenen selbst so lange heruntergespielt werden, bis sie nicht mehr zu übersehen sind und sich zumindest als tiefe Erschöpfung bemerkbar machen. Um dies zu verhindern, kann eine psychotherapeutische Unterstützung und Begleitung der Angehörigen sehr sinnvoll sein. Die jahrelange psychische Belastung ist leichter zu tragen, wenn eine zuverlässige Begleitung außerhalb der Familie zur Verfügung steht, um anzuhören, zu entlasten, zu ermutigen, zu raten und mitzutragen. Es ist eine Tatsache, daß Familien autistischer Kinder die Bewältigung der Alltagsprobleme weitgehend „selbst" machen müssen. Sie sollten es aber „nicht allein" machen müssen.

Zum Schluß

Vor kurzer Zeit besuchte mich eine junge Familie, der noch eine besonders lange Zeit der Unsicherheit bevorsteht. Sie haben ein Baby, das erst ein halbes Jahr alt ist und bei dem der Verdacht besteht, es könnte ein autistisches Kind sein. Was kann ich diesen Eltern sagen? Ich kann ihnen die erhoffte Sicherheit nicht geben, nicht im positiven und auch nicht im negativen Sinn. Sie müssen die lange Zeit überstehen, bis ihr Kind drei Jahre alt geworden ist, bevor sie eine zuverlässige Diagnose erhalten können.

Daß gerade eine so lange Zeit der Unsicherheit besonders belastend ist, habe ich ja schon am Anfang dieses Buches gesagt. Was also kann ich für diese Eltern tun? Ich kann sie doch nicht mit dieser Last ganz allein lassen. Eines kann ich tun: Ich kann ihnen den Vorhang der Zukunft ein wenig aufmachen, freilich nicht im Sinne einer medizinischen Gewißheit. Aber es gibt auch eine andere Gewißheit: die um das Leben, das wir mit einem behinderten Kind führen. So habe ich der jungen Familie einen Film gezeigt, der junge autistische Kinder im Kindergartenalter zeigt. Ich habe ihnen auch Filmausschnitte mit größeren autistischen Kindern gezeigt. Dann haben sie auch meine Tochter kennengelernt. Sie ist jetzt achtzehn Jahre alt, ein autistisches Mädchen, das gut sprechen kann und sich sehr intensiv mit seinem Leben und seiner Behinderung auseinandersetzt.

Meine Absicht dabei ist: Ich kann diesen Eltern nicht sagen, ob ihr Kind gesund ist, ob es autistisch ist oder ob es womöglich eine ganz andere Behinderung hat. Aber ich kann ihnen zeigen, daß Behinderung keine Katastrophe ist. Unser Leben ist nicht immer leicht, aber es ist durch unsere Tochter auch reicher geworden als das Leben vieler „Durchschnittsfamilien". Auch das Leben unserer Tochter ist nicht leicht, aber sie ist ein liebenswürdiges Mädchen in des Wortes ursprünglichster Bedeutung.

Vor einiger Zeit hat sie wieder in der Zeitung Überlegungen über die Lebensqualität behinderter Menschen gelesen. Aus dieser Auseinandersetzung ist der folgende Brief entstanden, den sie an alle Menschen geschrieben hat:

„Es gibt immer noch Leute, die fragen, ob man Behinderte nicht lieber umbringen sollte, damit sie nicht so leiden müssen (auch wenn in Deutschland sowas nicht zu laut gesagt wird).

Aber wollen die Behinderten denn sterben? Sind sie so unglücklich?

Ich bin selbst behindert, und ich bin glücklich und lebe sehr gerne.

Als wir auf Abschlußfahrt in London waren und meine Lehrerin meine im Rollstuhl sitzende Freundin mühsam die Londoner U-Bahn-Treppen hinunterbringen mußte, hat meine Freundin mir einmal schockiert erzählt, die Lehrerin habe ihr gesagt, wenn sie nicht mehr gehen könnte, würde sie sich umbringen. Ich kenne solche Gedanken. Weil jeder von uns irgendwann sterben muß, haben alle gelernt, den Gedanken an den Tod zu verdrängen. Unsere Vorstellung reicht nicht über den Tod hinaus. Daher ist der Gedanke, sich umzubringen, sicher für viele Leute leichter zu denken als der Gedanke, man könnte behindert werden und müßte sich dann mit den daraus resultierenden Problemen auseinandersetzen. Aber das ist kein Grund, Menschen, die behindert sind und damit leben, aus Mitleid umzubringen, oder damit sie einen nicht an Leid erinnern.

Ich bin autistisch. Ein wesentliches Problem von Autisten ist, daß die Sinne nicht richtig funktionieren. Das heißt nicht, daß sie gar nichts tun: Der Sehsinn eines Autisten unterscheidet sich von dem eines Blinden etwa so wie ein betrunkener Arbeiter von einem toten: Der Betrunkene kann zwar auch nicht gut nützliche Arbeit verrichten, aber er kann etwas tun, teils nützlich, teils schädlich. Ich bin sehr lichtempfindlich. Ich kann Menschen erst dann wiedererkennen, wenn ich sie sehr oft gesehen habe. Ich kann Entfernungen nicht abschätzen und bewegte Sachen nicht gut sehen. Ich kann gesprochene Sprache schlechter verstehen als andere und bin empfindlich gegen Lärm, auch wenn er laute Musik ist. Mein Geruchssinn verstärkt manche Gerüche sehr, so daß ich mich ekele auch wenn andere den Geruch gar nicht so schlimm finden. Mein Temperatursinn funktioniert nicht richtig und viel zu langsam. Wenn ich nicht an meine Füße denke, gehe ich auf den Zehen anstatt auf den ganzen Füßen. Davon tun mir, wenn ich zu lange gegangen bin, die Hüften weh. Ich brauche Krankengymnastik. Abgesehen von den Sinnesproblemen und den Problemen mit den Füßen kann ich nicht gut mit anderen Jugendlichen umgehen. Ich weiß nicht, was ich mit ihnen reden soll. Ich kann Gestik und Mimik nicht gut erkennen und mache sie selbst falsch, während andere sie ohne bewußte Anstrengung richtig machen.

Jetzt ist schon eine lange Liste mit Schwierigkeiten zusammengekommen, und das sind noch nicht alle. Wenn ich sie aufschreibe merke ich erst, was mich alles von Nichtbehinderten unterscheidet. Aber ich bin trotz all dieser Probleme glücklich und will leben. Wenn jemand mir drohen würde, mich umzubringen, wäre ich verzweifelt. Ich kann nicht gut mit anderen reden und gehe nicht in die laute Disco, aber ich habe andere Interessen. Ich schreibe Computerprogramme. Ich treibe Mathematik, für die ich ein Talent habe. Ich schreibe Geschichten und Gedichte. Ich spiele mit meinem Bruder das Bauernhofspiel, ein sehr kompliziertes Spiel, das ich erfunden habe. Ich lese, wenn ich Zeit habe. Wenn ich vor lauter Schule nicht zu meinen Hobbies komme, bin ich traurig, wie jeder Schüler, der zu viele Hausaufgaben auf hat. Es ist Zeit, Lebenszeit, die mir dann fehlt. Ich will nicht aus Mitleid getötet werden, ich will leben, ich bin glücklich!"

März 1995, Susanne Nieß, 18 Jahre.

Die Aufgaben

Autismus ist eine schwere Entwicklungsstörung, die einer gezielten Förderung bedarf. Die Früherkennung dieser Störung ist eine zentrale Voraussetzung für eine früh einsetzende Förderung. Diese Förderung sollte an den Bedürfnissen des jeweiligen Kindes und seiner Angehörigen orientiert sein. Von allen Maßnahmen, die eine sensorische, motorische und emotionale Integration fördern, können Autisten allgemein profitieren. Eine zusätzliche spezifische Förderung, die an den speziellen Schwierigkeiten eines autistischen Kindes, Heranwachsenden oder Erwachsenen ausgerichtet ist, bleibt unerläßlich. Nur durch gezieltes Lernen unter Lernbedingungen, die der Behinderung angemessen sind, kann ein autistischer Mensch eine größere Selbständigkeit erwerben und seine Teilnahme an der sozialen Gemeinschaft verbessern.

Aufgabe von Fachleuten ist es, das Wissen über diese Behinderung zu vermehren und zu verbreiten, damit nutzlosen Spekulationen Einhalt geboten wird, Hoffnungen erfüllbar bleiben, mißbräuchliche Methoden aufgedeckt und verhindert werden und den Betroffenen Achtung und angemessene Hilfe für die zu bestehende Herausforderung zuteil wird.

Für Fragen im Zusammenhang mit frühkindlichem Autismus können Sie sich an den Bundesverband „Hilfe für das autistische Kind" Vereinigung zur Förderung autistischer Menschen e. V., Bebelallee 141, 22297 Hamburg wenden. Er ist ein Zusammenschluß von zur Zeit 30 Regionalverbänden in allen Gebieten Deutsch-

lands und wird Ihnen mit Informationsmaterial und Kontakt zum nächstgelegenen Regionalverband weiter- helfen.

Literatur

Bernard-Opitz, V., Blesch, G. und Holz, K. (1988). Sprachlos muß keiner bleiben. Lambertus Verlag, Freiburg im Breisgau.

Bormann-Kischkel, C. (1990). Erkennen autistische Kinder Personen und Emotionen? Theorie und Forschung, Bd. 113, Psychologie Bd. 43, Roderer Verlag, Regensburg.

DeMyer, M. (1986). Familien mit autistischen Kindern. Probleme der Kinder und Sorgen der Eltern. Enke Verlag, Stuttgart.

Frith, U. (1992). Autismus. Ein kognitionspsychologisches Puzzle. Spektrum Akademischer Verlag, Heidelberg.

Grandin, T. (1994). Durch die gläserne Tür. Deutscher Taschenbuch Verlag, München.

Kusch, M. und Petermann, F. (1990). Entwicklung autistischer Störungen. Verlag Hans Huber, Bern.

Park, K. C. (1993). Eine Seele lernt leben. Deutscher Taschenbuch Verlag, München.

Ross, A. O. und Petermann, F. (1987). Verhaltenstherapie mit Kindern und Jugendlichen. Methoden und Anwendungsgebiete. Hippokrates Verlag, Stuttgart.

Schopler, E., Lansing, M. und Waters, L. (1987). Übungsanleitung zur Förderung autistischer und entwicklungsbehinderter Kinder. Verlag Modernes Lernen, Dortmund.

Wendeler, J. (1994). Autistische Jugendliche und Erwachsene. Gespräche mit Eltern. Beltz Verlag, Weinheim, Basel.

Wing, J. K. (1992). Frühkindlicher Autismus. Klinische, pädagogische und soziale Aspekte. Beltz Quadriga Verlag, Weinheim, Basel.

Leben mit Kindern

Edith-Maria Soremba
Legasthenie muß kein Schicksal sein
Was Eltern tun können, um ihren Kindern zu helfen
Band 4350

Schreib- und Leseschwächen sind oft die Ursache für Versagen in der Schule. Hier wird gezeigt, wie man das angeschlagene Selbstbewußtsein des Kindes aufbauen kann, damit es wieder Spaß am Lernen gewinnt.

Renate Zimmer
Schafft die Stühle ab!
Bewegungsspiele für Kinder
Band 4345

Mit einfachen Veränderungen kann man Wohnungen, Garten und Hof freier und offender gestalten.

Eva Zoller
Die kleinen Philosophen
Vom Umgang mit „schwierigen" Kinderfragen
Band 4344

Eva Zoller erschließt den „Großen" neue Möglichkeiten, ihren „Kleinen" zu begegnen.

Gertrud Meyer
Abenteuer Schulanfang
Heute Spielkind – morgen Schulkind
Band 4338

Praktische Tips, wie der „Ernst des Lebens" angstfrei angegangen werden kann.

Monika Hoffmann-Kunz
Lieben statt verwöhnen
Kindern Zuneigung schenken und Grenzen setzen
Band 4323

Das Dauerthema: Wie Eltern den richtigen Weg zwischen Liebe und Verwöhnen finden können.

HERDER / SPEKTRUM

Karin Neuschütz
Lieber spielen als fernsehen
Alternativen, die Kindern mehr Spaß machen
Band 4315
Wußten Sie, daß sich Kinder immer fürs Spielen statt Fernsehen
entscheiden würden?. Kreative Tips und Anregungen für Spiel- und
Bastelstunden.

Bruno Bettelheim
Zeiten mit Kindern
Band 4292
Hier sind die praktischen Erkenntnisse des bekannten Kinder-
psychologen, sowie seine tiefsten und schönsten Einsichten in einem
Werk zusammengeführt.

Heinrich Lang
Wenn Kinder krank sind
Praktische Tips vom Kinderarzt helfen Streß vermeiden
Band 4285
Der erfahrene Facharzt für Kinderheilkunde gibt praktischen Rat, wie
man Krankheiten und ihre Symptome erkennen und einordnen kann.
„Ein empfehlenswertes Nachschlagewerk" (Stiftung Warentest).

Claudia Gürtler
Freizeit – freie Zeit?
Grundschulkinder und ihre Freizeit
Band 4277
Langeweile: kein Thema! Praktische Tips, wie Eltern mit ihren Kindern
die Freizeit sinnvoll gestalten können.

Maria Montessori
Kinder lernen schöpferisch
Die Grundgedanken für den Erziehungsalltag mit Kleinkindern
Band 4262
Vom Kind aus denken! Dieser Ansatz der genialen Pädagogin und
Begründerin der Montessori-Schule hilft Eltern, Kinder als eigenständige
Individuen zu fördern: Kreativ, neugierig und spielerisch leben sie sich
in die Welt ein.

HERDER / SPEKTRUM

Leo Gehrig
Reden allein genügt nicht
Haltung und Verhalten in der Erziehung
Band 4246

Was tun bei Konflikten mit „den lieben Kleinen"? Beispiele und
Anregungen für eine phantasievolle, ehrliche Eltern-Kind-Beziehung.

Thilo Kroll/Franz Petermann
Was kranke Kinder brauchen
Hilfen für den Alltag mit chronisch kranken Kindern
Band 4239

Ein Ratgeber vom ersten Arztgespräch bis zur Entlassung aus dem
Krankenhaus – und für die Zeit danach, wenn der Alltag ungewohnte
Anforderungen stellt.

Judith S. Kestenberg/Janet Kestenberg-Amighi
Kinder zeigen, was sie brauchen
Wie Eltern kindliche Signale richtig deuten
Band 4222

Darauf können Sie vertrauen: Ihr Baby weiß selbst am besten, was es
braucht. Hilfreiche Hinweise für gestreßte und schlaflose Eltern.

Ingeborg Becker-Textor
Unser Kind soll in den Kindergarten
Ein neuer Schritt für Eltern und Kinder
Band 4219

Kindergarten – ein neuer Lebensabschnitt. Hoffnungen, Erwartungen,
Ängste. Praktische Tips für das Miteinander von Eltern, Kindern und ErzieherInnen.

Eva Rachor-Waldeck
Mama, sag bravo!
In der Familie offen miteinander umgehen
Band 4210

Friede, Freude, Eierkuchen – so sieht kein Familienalltag aus. Dennoch
gibt es Wege, das Zusammenleben von Kindern und Eltern harmonisch
zu gestalten.

HERDER / SPEKTRUM

Emil E. Kobi/Heidi Roth
Kinder von Aggressiv bis Zerstreut
Ein Ratgeber für den Erziehungsalltag
Band 4182
Damit aus einer Kinderzimmer-Mücke kein Elephant wird:
überzeugende Vorschläge, die Probleme lösen und Fehlentwicklungen
erkennen helfen.

Walter Pacher
Wenn Kinder immer anders wollen
Mehr Sicherheit und Gelassenheit für Eltern
Band 4118
Zuckerbrot und Peitsche sind keine Wundermittel gegen kleine
Querulanten! Mehr wirkt da schon ein klärendes Gespräch am runden
Familientisch.

Marianne Arlt
Pubertät ist, wenn die Eltern schwierig werden
Tagebuch einer betroffenen Mutter
Mit einem Nachwort von Christine Swientek
Band 4100
Wenn Kinder „in die Jahre kommen", ist der Familienfrieden dahin.
Marianne Arlt erzählt von heftigen Erfahrungen und wie man trotzdem
ganz gut mit ihnen leben kann.

Rüdiger Rogoll/Ulrike und Christa Marwedel
Ich mag mein Kind – mein Kind mag mich
Transaktionsanalyse für Eltern
Band 4095
Gelassenheit und Freude im Umgang mit Kindern: Erziehung kann zum
Spiel werden in einem Team von Partnern. Eine verlockende Pädagogik.

Rudolf Dreikurs/Loren Grey
Kinder lernen aus den Folgen
Wie man sich Schimpfen und Strafen sparen kann
Band 4055
Ein Erziehungsstil, der Kindern frühzeitig dazu verhilft, eigenständige
Erfahrungen zu sammeln und mit Freiheit richtig umzugehen.

HERDER / SPEKTRUM

Menschenskinder

Armin Krenz
Kinderfragen gehen tiefer
Hören und verstehen, was sich hinter Kinderfragen verbirgt
Band 4357
Eltern kommen ihren Kindern näher, wenn sie richtig
auf die Fragen ihrer Kinder eingehen können.

Eva Zoller
Die kleinen Philosophen
Vom Umgang mit „schwierigen" Kinderfragen
Band 4344
Typische Kinderfragen können einem häufig die Sprache
verschlagen. Eva Zoller erschließt den „Großen" neue
Möglichkeiten, ihren „Kleinen" zu begegnen.

Margarete Koppetsch
Der Frosch in der Milchschüssel
Eine Mutter kämpft für ihr autistisches Kind
Band 4300
Markus ist Autist. Das gesamte Familienleben ändert sich – aber
die Familie lernt, mit der neuen Situation umzugehen.

Bruno Bettelheim
Zeiten mit Kindern
Band 4292
Hier sind die praktischen Erkenntnisse des bekannten
Kinderpsychologen, sowie seine tiefsten und schönsten
Einsichten in einem Werk zusammengeführt.

Maria Montessori
Kinder lernen schöpferisch
Die Grundgedanken für den Erziehungsalltag
mit Kleinkindern
Band 4262
Vom Kind aus denken! Dieser Ansatz der genialen
Pädagogin und Begründerin der Montessori-Schule hilft
Eltern, Kinder als eigenständige Individuen zu fördern.

HERDER / SPEKTRUM Das Taschenbuch mit Linie.

Kinder verstehen

Gertrud Kaufmann-Huber
Kinder brauchen Rituale
Ein Leitfaden für Eltern und Erziehende
160 Seiten, Paperback
ISBN 3-451-23574-9
Rituale sind wichtig für die kindliche Entwicklung, aber die richtigen müssen es sein.

Norbert Gürtler/Doro Kammerer
Stillwerden und Entspannen
Vorlesegeschichten zum autogenen Training für Kinder
128 Seiten, Paperback
ISBN 3-451-23638-9
Überreizte Kinder – Autogenes Training schafft tiefgreifende Erfolge.

Diane Komp
Liebe reicht ins Land des Schattens
Welche Hoffnung kranke Kinder schenken – Erfahrungen einer Kinderärztin
128 Seiten, Paperback
ISBN 3-451-23613-3
Erfahrungen mit Kindern, die tief berühren: Wie Krisen neue Kräfte freilegen können.

Heide Häberle/Dietrich Niethammer
Leben will ich jeden Tag
Leben mit krebskranken Kindern und Jugendlichen. Erfahrungen und Hilfen
272 Seiten, Paperback
ISBN 3-451-23112-3
Erfahrungen und Erkenntnisse einer Krebs-Nachsorge-Institution.

Lone Hertz
Ich sage nichts, weil ich mich vor der Welt fürchte
Eine Mutter baut ihrem autistischen Sohn Brücken ins Leben
ca. 256 Seiten, Paperback
ISBN 3-451-23742-3
Eine Mutter findet Zugang in die verschlossene Welt ihres Sohnes.

Herder